Las Guerras de Independencia Escocesa

Una Fascinante Guía de las Batallas Entre el Reino de Escocia y el Reino de Inglaterra, Incluyendo el Impacto Causado por el Rey Roberto I Bruce

© Copyright 2020

Todos los derechos reservados. Ninguna parte de este libro puede ser reproducida de ninguna forma sin el permiso escrito del autor. Los revisores pueden citar breves pasajes en las reseñas.

Descargo de responsabilidad: Ninguna parte de esta publicación puede ser reproducida o transmitida de ninguna forma o por ningún medio, mecánico o electrónico, incluyendo fotocopias o grabaciones, o por ningún sistema de almacenamiento y recuperación de información, o transmitida por correo electrónico sin permiso escrito del editor.

Si bien se ha hecho todo lo posible por verificar la información proporcionada en esta publicación, ni el autor ni el editor asumen responsabilidad alguna por los errores, omisiones o interpretaciones contrarias al tema aquí tratado.

Este libro es solo para fines de entretenimiento. Las opiniones expresadas son únicamente las del autor y no deben tomarse como instrucciones u órdenes de expertos. El lector es responsable de sus propias acciones.

La adhesión a todas las leyes y regulaciones aplicables, incluyendo las leyes internacionales, federales, estatales y locales que rigen la concesión de licencias profesionales, las prácticas comerciales, la publicidad y todos los demás aspectos de la realización de negocios en los EE. UU., Canadá, Reino Unido o cualquier otra jurisdicción es responsabilidad exclusiva del comprador o del lector.

Ni el autor ni el editor asumen responsabilidad alguna en nombre del comprador o lector de estos materiales. Cualquier desaire percibido de cualquier individuo u organización es puramente involuntario.

Índice

INTRODUCCIÓN 1
CAPÍTULO 1 – BUENAS VALLAS; BUENOS VECINOS 7
CAPÍTULO 2 – CRISIS 12
CAPÍTULO 3 – RESISTENCIA 17
CAPÍTULO 4 – EL MÁRTIR 25
CAPÍTULO 5 – LUCHA POR EL PODER 45
CAPÍTULO 6 – CONFLICTOS INTERNOS 50
CAPÍTULO 7 – LA BATALLA DE BANNOCKBURN 56
CAPÍTULO 8 – UN REY DIGNO 62
CAPÍTULO 9 – DÓNDE ESTÁ TU CORAZÓN 67
CAPÍTULO 10 – EL HIJO DE LOS BRUCE Y LA SEGUNDA GUERRA DE INDEPENDENCIA 70
CONCLUSIÓN 84
REFERENCIAS 93

Introducción

El referéndum sobre la independencia de Escocia en 2014 no fue más que un episodio crítico en la larga y compleja relación entre Escocia e Inglaterra. (El 55,3% de los que votaron en el referéndum de 2014 opinaron que Escocia no debería ser un país independiente). Siempre ha habido una división entre Escocia y su vecino del sur, históricamente más rico y poderoso. A pesar de la prolongada amenaza de dominación de Inglaterra, Escocia ha mantenido una cultura nacional vigorosa y distintiva durante la mayor parte de su historia. Para hacer frente a las influencias anglosajonas en sus cortes, su clero, su cultura y sus instituciones sociales, Escocia se había inspirado constantemente en las principales culturas de Europa (por ejemplo, Francia y Noruega). Sus universidades han estado tradicionalmente abiertas a estudiantes y profesores extranjeros, lo que ha permitido a las clases educadas escocesas un grado de cosmopolitismo que no ha sido filtrado a través de una visión inglesa del mundo.

La frontera entre Escocia e Inglaterra ha sido históricamente un lugar de lucha, violencia y conflictos, los cuales fueron particularmente intensos durante la primera guerra de independencia escocesa, que duró del 26 de marzo de 1296 al 1 de mayo de 1328. (El término "guerra de independencia" se concedió de forma retrospectiva a este período, después de que la guerra de Independencia americana lo popularizara, aunque el espíritu de independencia estaba ciertamente presente en esa época). El tumulto durante este período medieval fue grande, presentando un escenario histórico lleno de figuras memorables y trascendentales: Eduardo I, un monarca expansionista inglés que también era conocido como "el Zanquilargo" o "el Piernas Largas" y el "martillo de los escoceses"; William Wallace, también conocido como "Corazón Valiente" (Braveheart), un símbolo nacional escocés por excelencia; y Roberto Bruce, el insólito sucesor espiritual de Wallace y el hombre que finalmente liberó a la nación.

La secuencia de eventos que constituyó la primera guerra de la independencia escocesa estuvo marcada por el oportunismo político en casi todos los momentos. Antes de que los escoceses se vieran envueltos en un amargo conflicto que duraría más de tres décadas, estaban disfrutando de una "edad de oro" de paz y prosperidad. El rey Alejandro III había estado en el poder desde 1249, dirigiendo una época caracterizada por impresionantes logros arquitectónicos (monasterios, abadías y catedrales), el enriquecimiento de castillos y casas señoriales y un alto nivel de actividad comercial con Alemania y Escandinavia. Los agricultores escoceses superaron a sus homólogos ingleses en cuanto a su producción de lana y ganado. Escocia albergaba entonces cerca de medio millón de personas (mientras que Inglaterra contaba con aproximadamente 2 millones). Disfrutaban de bajos impuestos, acceso a abundante comida y vino, y una buena red de transporte. Con un firme entendimiento de la frontera establecida entre las dos naciones, la vida podía continuar sin las distracciones de las disputas territoriales y las luchas por el poder.

Fallecimientos en la realeza de ambos lados de la frontera cambiaron este escenario. El rey Enrique III de Inglaterra falleció en 1272, y fue reemplazado por su hijo Eduardo I: un gobernante ambicioso con una atracción constante por los asuntos militares[i]. Después de suprimir dos rebeliones en Gales y someterla al gobierno inglés, reveló planes similares para Escocia. Su idea de una conquista escocesa fue posible gracias a la muerte del rey Alejandro III (por un accidente de equitación) en 1286. Eduardo aprovechó al máximo la crisis de sucesión que siguió para afirmarse como un señor feudal.

La nobleza escocesa estaba dividida por una disputa entre los dos principales candidatos al trono: Roberto Bruce y Juan de Balliol. Después de que los Guardianes de Escocia le pidieran que juzgara la competencia entre ellos (para evitar una desastrosa guerra civil entre los partidarios de ambos clanes), Eduardo I apoyó a Balliol después de convencer con éxito a ambos futuros reyes de que prestaran un juramento de lealtad a Inglaterra. Una vez que Balliol fue coronado en 1292, buscó resistir a los intentos de Eduardo de denegar y anular sus poderes. (Eduardo comenzó a intervenir en los casos legales escoceses, reclamando impuestos y ordenando a Balliol que enviara soldados escoceses a luchar en las batallas de Inglaterra en Francia). Entre 1296 y 1328, los escoceses declararon su independencia de Inglaterra y firmaron una alianza con Francia. Eduardo se enfrentó a sus negativas y resistencia con una invasión militar directa, que catalizó una guerra que duraría 32 años.

Si Eduardo esperaba que su conquista de Gales se repitiera en Escocia, estaba muy equivocado. La sangrienta masacre de Berwick (una ciudad fronteriza escocesa económicamente prominente) y la derrota del ejército escocés solo pudieron someter temporalmente al pueblo de Escocia. La nobleza escocesa pudo haber aceptado el dominio inglés para mantener sus tierras y riquezas en Inglaterra, pero la gente común no se acobardó tan fácilmente. Balliol fue encarcelado en Londres por resistirse al dominio inglés, pero William Wallace acabó por salir del anonimato para convertirse en un icono nacional. Su ejército de rebeldes se enfrentó a las fuerzas armadas inglesas - entonces la fuerza militar más avanzada de toda Europa - con tácticas de guerrilla, una astuta comprensión de cómo utilizar el terreno escocés en su propio beneficio, y un espíritu inquebrantable. Wallace fue capaz de asegurar una asombrosa victoria sobre el ejército inglés en la batalla del Puente de Stirling en 1298, destruyendo efectivamente la reputación de invencibilidad del ejército inglés. Wallace y sus hombres estaban armados solo con lanzas, pero lograron derrotar a una fuerza mucho mayor de caballeros e infantería fuertemente armados. Esta fue la primera victoria militar en siglos de Escocia contra Inglaterra.

Sin embargo, el éxito de Wallace y su posición como Guardián de Escocia resultarían siendo efímeros. Sus soldados de infantería fueron aniquilados en la batalla de Falkirk[ii], donde se enfrentaron a una sorpresa mortal: el revolucionario alcance del arco largo inglés[iii]. Wallace renunció a su posición y desapareció en el desierto una vez más, pero las llamas de la resistencia que su liderazgo militar había encendido aún ardían. Los combatientes de la resistencia escocesa continuaron empleando sus tácticas de guerrilla contra el ejército inglés durante los seis años siguientes (Eduardo dirigió su ejército hacia el norte cada año, antes de retirarse finalmente debido a la fatiga y a la escasez de alimentos).

Incapaces de derrotar a Inglaterra en el campo de batalla, los líderes de la resistencia escocesa recurrieron a la diplomacia. La Iglesia escocesa y Wallace intentaron apelar a Felipe IV de Francia y al papado para apoyar el derecho de Escocia a la independencia. Sus intentos se vieron comprometidos por el resurgimiento de una división interna entre los Comyn (que apoyaban el regreso de Balliol como legítimo rey de Escocia) y los Bruces (que se oponían a la idea del regreso de Balliol). Los Bruces finalmente se sometieron a Eduardo I, y el apoyo del papado no se materializó porque el papa[iv] concluyó que el soporte de Eduardo en su cruzada contra el islam era más importante que la soberanía escocesa. En 1304, la nobleza escocesa finalmente admitió la derrota diplomática y se rindió ante Eduardo. Wallace fue juzgado como un traidor y ejecutado públicamente -y horripilantemente- en Londres para desalentar a otros potenciales luchadores por la libertad.

La ejecución de Wallace puede parecer haber marcado el fin de una era, pero resultó que el espíritu de resistencia que había encarnado durante toda su vida adulta sobrevivió. La presunción de Eduardo de que tenía un firme control sobre Escocia pronto resultó ser ilusoria. Bajo la pretensión de servilismo, Roberto Bruce, el joven Conde de Carrick, hizo un acuerdo oculto con el obispo Robert Wishart para instigar otro levantamiento. Bruce tenía sus propios planes para el trono escocés; John "El Rojo" Comyn, el jefe de la familia Comyn y su principal rival para el trono fue asesinado en una iglesia en 1306[v]. Seis semanas después del fatal apuñalamiento de "El Rojo", Bruce fue coronado rey de Escocia en Scone.

El momento de gloria de Bruce fue inicialmente de corta duración. Había iniciado una guerra civil contra los Comyn y sus partidarios, así como desencadenó la ira de Eduardo. Después de la derrota frente al ejército inglés en la batalla de Methven en junio de 1306, se vio obligado a huir al oeste gaélico. Al darse cuenta de que tenía pocas posibilidades de éxito en un enfrentamiento abierto contra la superioridad numérica y tecnológica del ejército inglés, se lanzó a una campaña de guerrilla similar a la de Wallace contra Eduardo y sus otros enemigos en Escocia. Al año siguiente, las cosas cambiaron. Eduardo murió en su camino hacia el norte para combatir a Bruce, después de ordenar a sus hombres que no lo enterraran adecuadamente hasta que los escoceses fueran completamente conquistados. Como resultado, fue enterrado en un ataúd de plomo en la abadía de Westminster hasta el día de hoy.

Bruce obtuvo un mayor apoyo después de la muerte de Eduardo I, y recuperó el control de la mayor parte de Escocia a través de sus empeños militares en 1313. Finalmente estaba en posición de pacificar a los partidarios restantes de Balliol. Se les dio un ultimátum: apoyarlo o renunciar a la posesión de todas sus propiedades. Una Escocia más unificada podría entonces enfrentarse al sucesor de Eduardo: su hijo, Eduardo II[vi]. La dinámica de David contra Goliat de la batalla del Puente de Stirling[vii] se repitió en la batalla de

Bannockburn, donde la resistencia escocesa se enfrentó a un ejército inglés avasallador en número (más de 15.000 hombres) y armamento[viii]. Esta victoria demostró ser el logro más apreciado de Bruce - y una severa humillación para Eduardo II.

Esta victoria militar elevó a Bruce a la posición de legítimo rey de Escocia a los ojos de sus compatriotas, pero aún no había obtenido el reconocimiento de Inglaterra y del papado. Desde que Eduardo II se había retirado a York, Bruce estaba libre para invadir el norte de Inglaterra e Irlanda (él proclamó sus intenciones de liberar también a los irlandeses de la subyugación inglesa). Mientras tanto, también trabajó en el frente diplomático para convencer al papa de que aceptara la Declaración de Arbroath (una declaración de independencia escocesa que llegaría a amasar una gran fama) - pero la misma no tuvo éxito.

Mientras tanto, Eduardo II perdía la preferencia a los ojos de la nobleza inglesa y de la gente común. En 1328, fue depuesto y asesinado. Mientras Inglaterra estaba envuelta en una crisis civil, Bruce hizo una intervención estratégica (una ironía histórica, dadas las circunstancias de las intervenciones de Eduardo I tras la prematura muerte de Alejandro III). Lanzó una exitosa invasión en el norte de Inglaterra y amenazó con anexar a Escocia el territorio que había conquistado. Eduardo III se vio así impulsado a reconocer finalmente que Bruce era el legítimo rey de Escocia - y que Escocia era una nación independiente. Después de que se firmó el Tratado de Edimburgo-Northampton el 1 de mayo de 1328, se hicieron planes para que el hijo y heredero de Roberto, David, se casara con Juana de Inglaterra, la hermana de Eduardo III. La primera guerra de independencia escocesa había terminado finalmente. Bruce regresó a casa con un lugar en la historia, y luego murió un año después debido a una enfermedad.

Capítulo 1 – Buenas Vallas; Buenos Vecinos

El estado-nación moderno no es en absoluto un fenómeno histórico de aplicación universal; la Escocia del siglo XII acababa de llegar a un sentido de identidad nacional. Alejandro III[ix], que fue el rey de Escocia de 1249 a 1286, supervisó las políticas que había heredado de sus predecesores. Alejandro se basó principalmente en un sistema de barones de origen normando, el cual era utilizado en Francia. (Los escoceses habían adoptado las modas de las cortes europeas para obtener más influencia internacional y plena aceptación dentro de la comunidad de monarcas de Europa Occidental).

El pueblo escocés vivió una existencia pacífica y próspera bajo el mismo monarca durante casi cuatro generaciones (que fue elogiado por gobernar "en el amor y en la ley"), con una visión de mundo más centrada en las lealtades locales y regionales que en un sentido de patriotismo o nacionalismo. El término *Scotia*[x] solo se aplicó a todo el reino del norte de Inglaterra durante el reinado de Alejandro II (anteriormente solo era usado para referirse a las tierras al norte del istmo entre Forth y Clyde). La idea de "escocés" - como las ideas de inglés, irlandés y galés - es un fenómeno relativamente reciente. Los límites entre estos cuatro cuerpos diferentes no siempre fueron claramente delineados[xi]. En el pasado, partes de Escocia eran gobernadas desde Irlanda, Inglaterra y Escandinavia, mientras que partes de Inglaterra e Irlanda eran gobernadas desde Escocia.

El multiculturalismo y el multilingüismo de los diversos dominios de Alejandro III reflejaban los obstáculos psicológicos que se oponían al sentido común de pertenencia nacional. Las islas Orcadas y las islas Shetland eran componentes del imperio escandinavo. Las islas Hébridas interiores y exteriores no entraron en el dominio hasta 1266. Caithness y Sutherland eran predominantemente nórdicas; la mayor parte del norte y el oeste y Galloway (que estaba en el extremo suroeste) eran celtas. La lengua gaélica todavía se hablaba ampliamente en los condados de las tierras bajas de Ayr y Lanark. Durante este tiempo, el idioma escocés fue ganando poco a poco eminencia en las Tierras Bajas. Se originó en el sudeste (a partir de los Lothian y alrededor de Edimburgo), y se extendería hacia el norte y el oeste a lo largo del siglo XII. Se dirigió en múltiples direcciones, en su camino para convertirse en la lengua franca de Escocia: a través de las cuencas del río Forth y del río Clyde, hacia el oeste hasta Kyle, hacia el sur hasta el fiordo de Solway, y hacia el norte, pasando el Forth.

Berwick[xii] puede parecer pálida en comparación con Glasgow[xiii] y Edinburgh[xiv] (la capital del estado, ahora y entonces) hoy en día, pero era la ciudad más próspera y el centro del comercio escocés con el Báltico y los Países Bajos en ese momento. (Escocia realizaba mucho menos comercio con Inglaterra que con el norte de Alemania y Escandinavia). Berwick fue comparada con Alejandría por su gran población e inmensa riqueza; sus ingresos aduaneros anuales eran estimados en una cuarta parte de los de Inglaterra. El estereotipo de los escoceses como un pueblo "bárbaro" y en gran parte tribal persiste hoy en día, pero el gobierno de David I[iv] había "domesticado" la naturaleza salvaje de las tribus gaélico-nórdicas e introdujo la influencia gentil del cristianismo en el reino. Las encomiendas de majestuosas abadías, monasterios e iglesias reflejan la creciente eminencia de la Iglesia escocesa a lo largo de este tiempo. Bajo su justo gobierno, personas con diferentes idiomas y costumbres pudieron vivir juntos en paz y armonía.

El nacimiento del estado moderno de Europa Occidental ocurrió entre los siglos XII y XIII. Este estado se caracterizaba por sistemas administrativos y jurídicos plenamente institucionalizados, la representación en el parlamento, una soberanía nacional claramente definida, una economía mercantilista y una visión común de la nación[xvi]. Hacia 1100, Inglaterra había desarrollado todas estas características bajo sus nuevos gobernantes normandos y emergió como la fuerza política más poderosa de las islas británicas. Gales e Irlanda fueron las primeras entidades políticas en sentir el peso de su influencia y poder. La capacidad de Escocia para defenderse de los repetidos intentos ingleses de eliminar su identidad soberana impidió que se lograra la visión de un reino plenamente inglés en el conjunto de las islas británicas medievales.

La capacidad de Escocia para resistir a la conquista inglesa puede atribuirse a la forma en que fue capaz de absorber nuevas influencias, tecnologías e ideas y remodelarlas para sus propios fines. Escocia estaba abierta a los colonos de Inglaterra, Normandía, Bretaña y Flandes, exponiéndose así a las mismas ideas y a los mismos cambios políticos, religiosos y socioeconómicos que habían provocado la "europeización de Europa"[xvii]. Después de 1100, casi todos los desarrollos importantes en Escocia se derivaron de modos y recursos que se habían establecido más allá de sus propias fronteras.

A pesar de su coexistencia pacífica con Inglaterra hasta la muerte de Alejandro III, Escocia había sido víctima de las ambiciones expansionistas de Inglaterra. Las fronteras entre los dos reinos habían sido claramente definidas. Los reyes escoceses habían alimentado durante mucho tiempo el deseo de reclamar Cumbria y Westmorland, que una vez habían pertenecido a las partes meridionales del reino de Strathclyde y al antiguo reino de Northumbria. La posición de Escocia en relación con Inglaterra había sido nebulosa desde el siglo X, cuando Escocia se apoyó en la ayuda inglesa para oponerse a los daneses. El gobernante inglés había sido definido entonces como "padre y señor" del rey de los escoceses.

Esto condujo a una realidad irónica y complicada en la que los reyes escoceses eran también magnates ingleses que poseían títulos y propiedades en Inglaterra (a menudo debido a los matrimonios transfronterizos). Desde que Guillermo el Conquistador[xviii] gobernó Escocia, los reyes escoceses tenían que rendir homenaje a los feudos ingleses que tenían. El acto de homenaje nunca se definió con precisión - implicaba una ceremonia que se realizaba para la concesión de tierras. Esta ceremonia representaba la sumisión de un vasallo a su señor (que tenía que estar allí en persona). El vasallo se quitaba la corona o el yelmo, dejaba de lado sus espadas y espuelas y se arrodillaba ante su señor. Entonces extendía sus manos, que el señor agarraba. Entonces proclamaba: "Me convierto en vuestro hombre desde este día, de vida y cuerpo, y os tendré fe por las tierras que poseo". Después del acto de homenaje y el juramento de lealtad, el señor y el vasallo participaban en la ceremonia de investidura. Las obligaciones que acompañaban al acto de homenaje no se enunciaban explícitamente, pero servían como una poderosa sanción moral para responsabilidades y compromisos más específicos.

El Tratado de Falaise[xix] de 1174 da una idea de las posiciones relativas de ambos reinos. Guillermo el León había sido capturado por el ejército inglés, y solo sería liberado si aceptaba rendir homenaje a Enrique por la corona escocesa. Estos términos fueron sin embargo cancelados después de quince años, cuando Ricardo Corazón de León[xx] decidió vender los derechos que su padre había adquirido para pagar sus emprendimientos en Tierra Santa. Este nuevo acuerdo anuló el Tratado de Falaise, dejando las implicaciones del homenaje tan abiertas como antes de 1174.

Uno de los legados de David I incluía la institucionalización de una forma estricta de reinado que dependía de la sucesión real. Esto perpetuó una monarquía nacional y salvó a Escocia de los trastornos y los costos de las prolongadas competiciones por el trono. Así pues, Alejandro III sucedió al trono como un niño de 7 años en 1249 sin ninguna disputa. Su largo reinado se basó en la presunción de que la realeza escocesa era igual en poder y soberanía que la inglesa; los reyes escoceses también trataron de obtener la aprobación del papa para la corona escocesa como una unción ordenada por Dios. En 1278, Alejandro III fue presionado para someterse a Eduardo I. Se negó con convicción: "Nadie tiene derecho al homenaje por mi reino, salvo Dios solo".

Capítulo 2 – Crisis

Mientras el largo reinado del rey Alejandro III se acercaba a su fin, Eduardo I estaba terminando su conquista de Gales. Después de seis años de batalla, aseguró una victoria en 1283. Dos años después, se dirigió a París para rendir homenaje al nuevo rey francés, Felipe el Hermoso[xxi]. Permaneció allí durante tres años, aparentemente confiando en su poder sobre Inglaterra y Gales. Durante su ausencia, muchos ministros y jueces ingleses de renombre se volvieron increíblemente corruptos. Eduardo I se vio obligado a regresar en 1289, y decidió usar a los judíos como chivo expiatorio del tumulto económico y el caos político de la época. Todos fueron expulsados de Inglaterra (un precedente peligroso para el resto de Europa), pero todas sus propiedades y riquezas permanecieron, las cuales fueron absorbidas por el estado inglés. Ahora, contando con este financiamiento, Eduardo volvió su mirada expansionista hacia Escocia.

Si Alejandro III hubiera hecho caso a la profecía de Sir Thomas el Rimador[xxii], se habría escrito una historia completamente diferente. El adivino ya había predicho su inminente muerte, pero Alejandro decidió tomar la desacertada decisión de regresar a casa durante una tormenta nocturna. El 18 de marzo de 1286, asistía a un consejo en el Castillo de Edimburgo. En lugar de pasar la noche allí después de disfrutar de una buena comida y un buen vino con sus barones, decidió volver a casa esa noche. Esto fue presumiblemente motivado por el amor o la lujuria por su joven esposa francesa, Yolanda de Dreux. A los veintidós años, ella tenía la mitad de su edad. Alejandro III se había vuelto a casar recientemente después de que su primera esposa, la princesa Margarita de Inglaterra, muriera en 1275. El reino entero esperaba noticias de un heredero varón sano. (Los dos hijos de Alejandro habían muerto antes que él, en 1281 y 1284).

En vez de eso, todos lloraron cuando oyeron que el rey había sido encontrado muerto, en las rocas al pie de los acantilados. En la oscuridad y el aullido ensordecedor de los vientos, había sido separado de sus dos guías locales y tres escuderos. La única descendencia que sobrevivió fue su nieta, Margarita de Noruega[xxiii]. Su madre había muerto durante el parto, dejándola bajo el cuidado de su marido, el rey Erico II de Noruega[xxiv]. Dos semanas después de la muerte de Alejandro, Margarita prestó juramento como la señora soberana de Escocia. Seis Guardianes de la Paz fueron elegidos como regentes: dos condes, dos barones y dos obispos.

Los Guardianes de la Paz con dificultad mantuvieron la paz durante los tres años siguientes. En este lapso de tiempo, poderosas facciones rivales habían aparecido, cada una con sus propias pretensiones al trono vacío. El 18 de julio de 1290, los Guardianes firmaron el Tratado de Birgham[xxv]. Sus intenciones eran mantener la coexistencia pacífica entre Escocia e Inglaterra haciendo que Margarita I de Escocia (Doncella de Noruega) se casara con Lord Eduardo (el entonces hijo de cinco años del rey Eduardo I) cuando ambos hijos reales fueran mayores de edad. Los dos reinos, sin embargo, permanecerían separados; Margarita sería aclamada como la "verdadera señora, reina y heredera de Escocia". En el Tratado, Eduardo I reconoció la identidad de Escocia como un estado plenamente desarrollado que era "distinto y libre del reino de Inglaterra", con sus propias "fronteras legítimas" y "leyes, libertades y costumbres"[xxvi]. Eduardo, sin embargo, mantenía intenciones de ejercer influencia sobre su vecino del norte a través del matrimonio de su hijo. Las intenciones de todos se desvanecieron cuando Margarita murió por mareo mientras navegaba de Noruega a Escocia. Un linaje directo e ininterrumpido de monarcas escoceses había llegado a un trágico final.

No menos de trece candidatos reclamaron entonces el trono, cada uno argumentando que eran descendientes de sangre de la familia real escocesa. Desde que la madre de Margarita murió, Erico II de Noruega ya no tenía derecho a reclamar el trono. Después de que las reclamaciones basadas en la descendencia ilegítima fueran rechazadas, surgieron dos candidatos principales al trono. Eran Juan de Balliol[xxvii] y Roberto Bruce[xxviii]. Ambos hombres tenían un gran número de seguidores y fuerzas armadas a su mando. Escocia estaba a punto de sumergirse en una desastrosa guerra civil.

Los Guardianes de Escocia decidieron invitar a Eduardo a juzgar las reclamaciones de ambos hombres, debido a su condición de rey de Inglaterra y su reconocida experiencia legal. Eduardo tenía una formidable reputación como un rey eficiente. Después de ser coronado en 1272, corrigió con éxito el legado de su padre, Enrique III[xxix]. Un reinado caracterizado por las luchas internas y la impotencia militar dio paso a la paz y al poderío militar. Eduardo había negociado con éxito la paz entre los belicosos barones ingleses y demostró su destreza como líder en el campo de batalla. También era un intelectual con ideas innovadoras sobre cómo podía reformar con éxito la administración y el gobierno inglés. Bajo su supervisión, el Parlamento mantuvo la estabilidad mientras recaudaba copiosas cantidades de impuestos de la población inglesa. Independientemente de lo que sintieran por Eduardo, los escoceses tendrían que admitir que era un formidable oponente. Después de su muerte en 1307, comenzaron a referirse a él como "Scottorum malleus": el Martillo de los escoceses. (Su apodo en vida era "el Zanquilargo" o "Piernas Largas" por su destacada altura).

En lugar de concordar con la comprensión de Escocia sobre la señoría inglesa como un asunto del pasado lejano, Eduardo proclamó audazmente su señoría sobre Escocia en presencia de los nobles y clérigos escoceses el 10 de mayo de 1291. Argumentó que esto justificaría su nombramiento como juez de quién era el legítimo gobernante de Escocia. Luego dio a los nobles escoceses tres semanas para preparar una refutación después de que se opusieran enérgicamente a este espantoso giro de la trama. Durante este tiempo, Eduardo comenzó a reunir un ejército para la alta probabilidad de una escaramuza militar.

La nobleza escocesa era ciertamente más egoísta que patriótica o nacionalista. Muchos de ellos poseían títulos de grandes extensiones de tierra en Inglaterra, y no estaban dispuestos a sacrificar esos activos por el bien de la independencia nacional. Todos los competidores por el trono escocés pronto decidieron aceptar la posición de Eduardo como Señor Supremo de Escocia. Estarían de acuerdo con su decisión sobre quién era el legítimo gobernante de Escocia. Eduardo cuidadosamente hizo que cada competidor escribiera este reconocimiento y sellara el documento con su sello oficial. También hizo que cada castillo escocés en el reino se rindiera temporalmente a él y reemplazó a todos los oficiales escoceses con ingleses. Cada magnate, caballero, hombre libre y líder religioso escocés tenía que jurarle lealtad antes del 27 de julio o soportar duras penalizaciones.

Juan de Balliol fue finalmente coronado rey de Escocia en diciembre de 1292:

"Como se admite que el reino de Escocia es indivisible, y, como el rey de Inglaterra

debe juzgar los derechos de sus súbditos según las leyes y usos de los reinos

sobre el cual reina; y como, por las leyes y usos de Inglaterra y Escocia en la sucesión a la herencia indivisible, la más remota en grado de la primera línea de descendencia es preferible al grado más cercano de la segunda línea; por lo tanto, se decreta que Juan I de Balliol obtendrá la posesión física del reino de Escocia[xxx]."

La decisión de Eduardo de favorecer a Juan de Balliol era lógica, ya que descendía de una hermana real mayor que la descendiente de Roberto I Bruce. (Bruce había contrarrestado la afirmación de Balliol señalando que estaba una generación menos alejado del linaje real. Era el hijo de la bisnieta de David I, mientras que Balliol era el nieto de otra bisnieta). Sin embargo, es probable que Eduardo también tuviera otros motivos para favorecer a Balliol. Ya que poseía cantidades significativas de tierra en el norte de Inglaterra, Bruce tenía más que perder al desafiar a Eduardo. Una vez que Balliol fue coronado rey de Escocia, Eduardo se apresuró a hacer valer sus poderes de señorío. Escocia estaba ahora bajo una ocupación inglesa disfrazada.

Los condes, caballeros, duques y magnates escoceses pueden haberse entregado al nuevo *status quo* para proteger sus propios intereses, pero la gente común tenía poco que ganar -y mucho que perder- al aceptar mansamente la presencia constante de las fuerzas militares inglesas en su vida cotidiana. Eran un pueblo orgulloso que se sentía humillado por la forma fácil y deshonrosa en que sus élites simplemente habían entregado el control de la nación a los ingleses. Los incidentes de rebeldía y resistencia pronto dieron lugar a peleas y disturbios en varias ciudades y pueblos de Escocia. Un caballero llamado Sir Malcolm Wallace murió en uno de esos conflictos, dejando a su hijo con un profundo resentimiento hacia los ingleses que permanecería con él hasta el día de su muerte. Su nombre era William Wallace[xxxi].

Capítulo 3 – Resistencia

Las circunstancias exactas de los orígenes de William Wallace son difíciles de precisar, pero su lugar de descanso final - en los corazones y mentes de generaciones de orgullosos patriotas escoceses - es bien conocido. Mucho antes de que el resto del mundo conociera la leyenda de William Wallace a través de la película *Braveheart*[xxxii] (Corazón Valiente) de 1995, dirigida y protagonizada por Mel Gibson y ganadora de varios premios Oscar, los ciudadanos de Escocia se habían familiarizado con sus extraordinarios logros a través de la obra del poeta de la corte real escocesa del siglo XV, Harry the Minstrel (o "Harry el ciego")[xxxiii]. El poema *The Actes and Deidis of the Illustre and Vallyeant Campioun Schir William Wallace* (Actos y Hechos del Ilustre y Valiente Campeón Sir William Wallace, también conocido como *El Wallace*) de Harry el Ciego se publicó casi dos siglos después de la muerte de Wallace[xxxiv]. El poema épico "biográfico romántico" se convirtió con el tiempo en el segundo libro más popular de Escocia después de la Biblia - una posición que mantuvo durante cientos de años.

Antes de que tuviera un ascenso meteórico para convertirse en un icono nacional, una leyenda militar y un patriota de primer orden, Wallace era el hijo más joven de un noble menor. Aunque nunca se le privó de comida, refugio o educación, tampoco tenía títulos de tierra a su nombre. Wallace vivió sus primeros años en lo que se llamó la "edad de oro" escocesa. Escocia disfrutaba de bajos impuestos, puentes, buenas carreteras y una próspera industria agrícola y ganadera que superaba incluso a los ingleses de la época.

Cuando el rey Enrique III de Inglaterra murió, su hijo Eduardo I ascendió al trono. Eduardo iba a ser el oponente más poderoso de Wallace en las próximas décadas. Aunque no tenía la misma estructura que Wallace, Eduardo también era conocido por su notable estatura y era llamado "Piernas Largas". La estatura adulta de Wallace - unos asombrosos dos metros (seis pies siete pulgadas), en una época en la que el hombre adulto promedio era solo un poco más alto que un metro y medio (cinco pies) - es un testimonio de su genética excepcional y de la prosperidad de su época. Harry el Ciego amontonó poéticos elogios sobre su físico, destacando sus ondulantes rizos castaños, su robusto cuello, sus atractivos rasgos faciales, sus anchos hombros, sus penetrantes ojos, y su inconfundible "masculinidad".

En una época en la que el combate cuerpo a cuerpo con espada o daga eran los métodos comunes de dominio físico, la ventaja física de Wallace le habría servido bien. Sin embargo, sin una mente aguzada para igualar su físico, no habría alcanzado las alturas que lo hicieron figura de leyenda. Los historiadores han especulado que Wallace recibió una educación de los monjes de su zona, aprendiendo a leer y escribir. Wallace también fue instruido en las artes varoniles de la guerra, desde la equitación hasta el manejo de la espada. Fue entrenado en el uso de una claymore (una espada a dos manos) y también de un puñal (una larga y delgada daga utilizada para el empuje). Las claymore eran prodigiosas armas de un solo guerrero en esa época, más altas que la mayoría de los hombres, con un metro ochenta (seis pies) de largo. La fuerza de Wallace y una lámina de seis pies eran más que suficientes para atravesar las armaduras disponibles en su época.

En 1293, cuando Wallace tenía entre once y trece años, Eduardo I acababa de concluir su conquista de Gales después de una campaña de seis años. Eduardo viajó entonces a París para rendir homenaje al nuevo rey de Francia, Felipe el Hermoso. Mientras estaba fuera de Inglaterra, Eduardo confiaba en saber que Inglaterra y Gales estaban firmemente bajo su control. Desafortunadamente, durante su ausencia, muchos de sus ministros y jueces se hundirían en profundidades aún mayores de corrupción. Eduardo regresó a Inglaterra en 1289 en medio del caos político y las luchas económicas. Decidió expulsar a todos los judíos de su reino, usándolos como chivo expiatorio para la crisis actual. Una vez que Inglaterra se estableció, el ambicioso líder volvió su mirada hacia Escocia.

El 18 de marzo de 1286, el rey Alejandro murió. Después de asistir a una reunión del consejo en el Castillo de Edimburgo decidió volver a casa, pero se separó de su escolta y guías, siendo encontrado al día siguiente. Su cadáver fue recuperado de las rocas al pie de los acantilados. Después de dos semanas de luto, la nieta de Alejandro, Margarita I de Escocia (la Doncella de Noruega), declarada como la señora soberana de Escocia.

Se hicieron planes para casar a Margarita de Noruega con el hijo del rey Eduardo I. El Tratado de Birgham se firmó el 18 de julio de 1286, uniendo efectivamente a los dos miembros reales mientras se mantenía a Inglaterra y Escocia separadas. Era la intención de Eduardo ejercer su influencia en Escocia a través de su nueva nuera, sin embargo, tanto sus planes como las esperanzas de Escocia murieron con Margarita cuando sucumbió a una enfermedad en el mar mientras viajaba de Noruega a Escocia.

De los trece candidatos al trono después de la muerte de Margarita, dos surgieron con seria consideración; Juan de Balliol y Roberto Bruce. Ya que cada hombre estaba respaldado por sus propias fuerzas, Escocia parecía estar en la cúspide de la guerra civil. Mientras tanto, Eduardo, ofreciendo consejo y ayuda durante el período de sucesión de Escocia, se reunió en secreto con su consejo privado para revelar sus planes para someter a Escocia.

Desafortunadamente para Escocia, Eduardo I era un líder supremamente capaz y efectivo. Heredó un trono cargado de inestabilidad interna tras el fallecimiento de su padre en 1272, y desde su adhesión había negociado relaciones pacíficas entre los inquietos barones de Inglaterra, uniéndolos bajo su gobierno. Sus métodos, aunque no siempre considerados éticos, fueron muy eficaces. Sus habilidades también se extendieron a la recaudación de fondos, estimulando a su Parlamento a cobrar grandes cantidades de impuestos a la población. En 1275, impuso el muy popular Estatuto de los Judíos, imponiendo impuestos exorbitantes a la población judía de Inglaterra. Hacia 1290 todos los judíos fueron expulsados del país, con todos sus activos financieros confiscados por la corona. Su prosperidad financiera lo colocó así en una condición favorable para comenzar una campaña hacia el norte, en las tierras de Escocia.

Mientras tanto en Escocia, con las dos facciones de Juan de Balliol y Roberto Bruce amenazando una guerra civil, los guardianes de Escocia decidieron invitar a Eduardo I para juzgar los muchos reclamos al trono escocés. El 10 de mayo de 1291, el rey Eduardo proclamó su dominio sobre Escocia. Frente a una asamblea de nobles y clérigos escoceses, Eduardo ejerció su posición como juez y como "reclamante legítimo" del trono. Concedió tres semanas a los nobles reunidos para formular una refutación. No obstante, Eduardo usaría este tiempo sabiamente, reuniendo sus ejércitos y preparándose para la acción militar.

La mayoría de los nobles escoceses tenían tierras y propiedades en territorio inglés y sabían bien que las perderían si rechazaban a Eduardo. Todos los reclamantes al trono eventualmente cedieron a la proclamación de Eduardo, nombrándolo Señor Supremo, y aceptando su juicio. Eduardo no perdió tiempo, ordenando que todos los castillos escoceses le fueran entregados temporalmente, y que todos los oficiales y jueces escoceses fueran reemplazados por ingleses. Toda la nobleza de ascendencia escocesa, incluyendo caballeros, hombres libres y líderes religiosos debían jurarle lealtad a Eduardo antes del 27 de julio o enfrentar duras consecuencias.

Wallace estaba en la cúspide de la madurez (entre diecisiete y dieciocho años) cuando su padre se negó a prestarle juramento a Eduardo como Señor Supremo de Escocia. Para escapar de los severos castigos que siguieron a esta decisión, se vio obligado a dirigirse al norte con su padre. Sus planes previos de embarcarse en una carrera sacerdotal de por vida se vieron así permanentemente interrumpidos. Mientras estaba escondido, su padre se vio envuelto en un levantamiento esporádico de los aldeanos y habitantes de la ciudad escocesa contra los imperiosos soldados ingleses (algo bastante común, ya que la gente común resentía su interferencia en su vida cotidiana). Sir Malcolm Wallace fue asesinado en uno de estos disturbios, dejando atrás un hijo que guardaría un resentimiento intratable hacia los ingleses.

Los detalles específicos pueden haberse perdido en el tiempo, pero es evidente que la transformación de Wallace en un temido líder guerrillero comenzó poco después de sufrir la pérdida de su padre. En 1291, Wallace buscaba activamente formas de vengar a su padre y ayudar a sus compatriotas a recuperar la ventaja sobre los ingleses. La primera víctima de Wallace fue el hijo de veinte años de Selby, un policía inglés que servía bajo el mando del barón Brian FitzAlan de Bedale. En respuesta a las burlas del arrogante inglés, Wallace lo apuñaló en el corazón e hirió a sus camaradas mientras escapaba rápidamente. Su descarada provocación pronto le hizo famoso como forajido. Para moverse como un hombre buscado, comenzó a usar disfraces (por ejemplo, como peregrino) y a pasar más tiempo en la seguridad de los bosques escoceses.

Wallace no estaba solo en su resistencia. El rey Juan de Balliol resentía la interferencia de Eduardo en los asuntos nacionales del país y en su estatus de marioneta. Eduardo le había hecho repetir su homenaje varias veces - una humillación que fue presenciada por la mayoría de los nobles de la tierra. Eduardo enfureció aún más al rey Juan cuando comenzó a interferir en las decisiones tomadas por las cortes escocesas. Consideró esto como una violación del Tratado de Birgham, que ordenaba que todos los juicios escoceses debían ser juzgados en Escocia. Eduardo lo coaccionó para que reconociera que el tratado era ahora nulo, lo que estableció un precedente preocupante en el que cualquiera podía apelar a los tribunales ingleses cuando los tribunales escoceses no llegaban a la decisión deseada.

El rey Juan aprovechó la oportunidad para responder con represalias, haciendo Eduardo probar de su propia medicina en octubre de 1293. El rey Felipe de Francia estaba entonces en la envidiable posición de ser el superior feudal de Inglaterra. Después de que varios marineros ingleses hicieran un alboroto desacertado en el puerto de La Rochelle, Felipe ordenó que se detuviera todo el comercio entre los dos países. Eduardo respondió declarando guerra a Francia en octubre del año siguiente. Mientras Adolfo de Nassau (rey de Alemania) permanecía neutro, Francia se alió con Erico II de Noruega y Florencio V de Holanda. Eduardo estaba preocupado por una rebelión en Gales en ese momento, y exigió que el rey Juan se presentara en Londres el 1 de septiembre de 1294 con sus fuerzas armadas para apoyarlo. En su lugar, el rey Juan alió Escocia con Francia y Noruega y desafió abiertamente a Eduardo el 22 de octubre.

Las fuerzas escocesas e inglesas se prepararon para una confrontación en el norte después de que Eduardo ordenara la confiscación de todos los títulos y propiedades del rey Juan en Inglaterra. Los escoceses tuvieron una victoria inicial en la ciudad inglesa de Carlisle. Como no pudieron romper sus defensas, quemaron las casas de los ciudadanos ingleses que vivían fuera de los muros de la ciudad. También saquearon los monasterios, iglesias y pueblos de la campiña antes de regresar pasando la frontera escocesa.

Eduardo hizo que Escocia pagara un precio sangriento por estas transgresiones. Tres mil soldados a pie y cinco mil jinetes descendieron a Berwick, la ciudad más grande y próspera de Escocia en ese momento. La gente de la ciudad fue masacrada, violada y quemada sin piedad ni remordimiento - como un ejemplo para toda la población escocesa. Eduardo solo decidió suspender la matanza cuando vio a uno de sus soldados despedazar a una mujer mientras daba a luz. Al menos diecisiete mil habitantes de la ciudad escocesa (Berwick tenía una población de aproximadamente veinte mil personas) habían perecido en el proceso.

No obstante, el pueblo de Escocia era un grupo inmensamente orgulloso y resistente, y no se dejaba intimidar fácilmente (incluso por actos tan espantosos de derramamiento de sangre y violencia). Se unieron al rey Juan para desafiar el gobierno inglés. El 5 de abril, el rey Juan renunció formalmente a su lealtad a Eduardo. Los renegados escoceses realizaron contraataques para vengar a sus compatriotas muertos en Berwick. Después de reconstruir Berwick, reforzarla, y designarla como el nuevo centro administrativo de su gobierno escocés, Eduardo lanzó su segundo ataque contra el rey Juan. El ejército inglés era entonces la fuerza militar más formidable de Europa, y el ejército escocés no tenía ninguna oportunidad en una confrontación directa. Eduardo encarceló a 130 importantes caballeros escoceses, junto con algunos destacados condes y magnates. Su impecable victoria paralizó el triunfo escocés, permitiendo al ejército capturar y tomar el control de todos los principales castillos escoceses: el Castillo de Roxburgo, el Castillo de Edimburgo y el Castillo de Stirling. Hacia el 2 de julio, el rey Juan se había rendido formalmente y enviado a Inglaterra - donde fue puesto bajo un largo arresto domiciliario.

Antes de irse, Eduardo arrancó la insignia real escocesa de su abrigo. Decidido a acabar con todos los símbolos restantes de la identidad nacional de Escocia, también quitó la Piedra del Destino, igualmente llamada Piedra de Tara (Lia Fail). Esta era la legendaria piedra de basalto donde cada rey celta escocés había sido coronado desde el siglo VI. Después de que él mismo se arregló para ser coronado en la piedra en Scone, la envió a la Abadía de Westminster junto con las joyas de la corona de Escocia. Estos tesoros solo fueron devueltos a Escocia en 1996. Eduardo también se llevó tres cofres que contenían décadas de registros reales e importantes archivos, que nunca más se encontraron.

El 28 de agosto de 1296 se realizó una importante sesión parlamentaria en Berwick. El orden del día era que todos los obispos, condes, barones, abades y priores importantes de Escocia le juraran lealtad. Sin embargo, Eduardo no reclamó el título de rey de Escocia para sí mismo. En su lugar, todos los presentes le rindieron homenaje como rey de Inglaterra, Señor de Irlanda y Duque de Guyena. Con Juan de Balliol fuera de escena, Roberto Bruce, Lord de Annandale, esperaba ser nombrado su sucesor en el trono de Escocia. Al fin y al cabo, se había aliado con Eduardo durante el gobierno del rey Juan (y su breve deserción). Habiendo tenido que esforzarse para sofocar una rebelión, Eduardo no estaba interesado en consagrar otra personalidad. Satisfecho con su dominio sobre el país, dejó Escocia a solo once días de la ceremonia. Tuvo que atender a asuntos más urgentes que involucraban a Francia. El grueso del ejército inglés regresó a casa cuando llegó el invierno, dejando algunas guarniciones para retener el control de todos los castillos de Escocia.

Capítulo 4 – El Mártir

La vida bajo el dominio inglés era dura y degradante para el pueblo escocés. Los soldados ingleses dominaban todos los castillos y fortalezas escoceses (as) importantes. Patrullaban el campo todos los días, listos para mostrar su poderío militar y su complejo de superioridad contra cualquier hombre o mujer que se considerara carente de humildad y servilismo. El justo imperio de la ley fue suspendido en favor de castigos exorbitantemente severos para delitos leves. Los escoceses eran azotados, mutilados y colgados por simples delitos. La tasa de mortalidad en la década de 1290 era, por lo tanto, excepcionalmente alta.

Sin un sistema legal legítimo, mucha gente se vio obligada a encargarse del asunto, algunos se convirtieron en bandoleros y formaron bandas de ladrones para hacer justicia a los soldados ingleses que vagaban libremente por sus campos. Los historiadores ingleses se apresuraron a denunciar las acciones de la población escocesa, lamentando las atrocidades cometidas contra los soldados ingleses. Con bastante hipocresía por parte de los historiadores, las barbaridades cometidas por los soldados ingleses contra la población escocesa no fueron igualmente condenadas.

Dadas estas circunstancias, no es sorprendente que las noticias de las hazañas de Wallace fueran recibidas con mucho entusiasmo y asombro durante este tiempo. El poema épico de Harry el Ciego conserva la adulación de Wallace como el equivalente a Robin Hood de Nottingham, un carismático forajido que sirvió de inspiración a los soldados ingleses.

Uno de esos casos registrados en el poema épico de Harry el Ciego detalla un desafío asumido por Wallace que había sido planteado por un soldado y levantador de pesas inglés en la ciudad de Ayr. Haciendo alarde de la superioridad inglesa, el soldado desafió a cualquier escocés a que le golpeara por la espalda. Wallace, disfrazado, aceptó el desafío y le rompió la espalda al soldado inglés de un solo golpe. Luego mató rápidamente a otros cinco soldados ingleses antes de escapar a Leglen Wood.

El pueblo escocés se enorgullecía y se maravillaba al escuchar (y repetir) los relatos de las pequeñas victorias de Wallace contra los odiados ingleses. Hacia 1293, Wallace pasó de ser un forajido solitario a un hábil líder de la milicia. Su esgrima y su destreza atlética mejoraron, así como su capacidad de liderazgo y su perspicacia como estratega militar.

La reputación de Wallace también empezó a adquirir cualidades míticas durante su vida, un factor que podría decirse que compensó su falta de riqueza y de nobleza en las ideas de la gente común[xxxv]. En una escaramuza en particular en la ciudad de Ayr, Wallace estuvo a punto de morir tras matar a uno de los hombres de Lord Percy. Incapaz de escapar del agobiante número de soldados ingleses que lo abordaron, fue capturado y dejado para morir de hambre en un calabozo. Cuando llegó el momento de su juicio, una fiebre severa lo puso en un profundo coma. Los soldados ingleses asumieron que estaba muerto y dejaron su cuerpo pudriéndose en una pila de estiércol. Wallace habría perecido de no ser por los cuidados y la astucia de su primera enfermera en Elderslie. Suplicó a los ingleses que le dieran una oportunidad de darle un entierro apropiado, y rápidamente organizó un falso velorio para mantener la pretensión de que estaba muerto cuando descubrió que aún estaba vivo.

Después de que ella lo cuidó hasta recuperarse, Wallace se ganó la reputación de Cristo por haber "regresado de la muerte". Su fama creció cuando Thomas el Rimador - un renombrado profeta y adivino que había predicho la muerte de Alejandro III - se enteró de que estaba milagrosamente vivo y profetizó que desempeñaría un papel crucial en la restauración del orgullo escocés:

"En verdad, antes de que fallezca,

Muchos miles de personas en el campo de batalla se irán.

Desde Escocia enviará lejos a Southron,

Y llevará a Escocia tres veces a la paz.

Tan buena mano nunca más será conocida."[xxvi]

En una época de superstición y creencia en el destino, Wallace se había convertido efectivamente en una figura influyente. Hombres de todas las clases sociales se unieron a él, convirtiendo al forajido solitario en un carismático líder de la milicia. Inspiró fe, lealtad y devoción en la banda de hermanos, sobrinos, tíos, primos y parientes lejanos que formaron una fuerza militar muy unida a su alrededor. Motivado por la fuerza de los grandes números, Wallace comenzó a desafiar el gobierno de Eduardo con más descaro.

En 1297, Wallace finalmente aprovechó la oportunidad de vengar la muerte de su padre. Consiguió realizar una emboscada a Fenwick, el caballero inglés que había matado a su padre, después de enterarse de que había regresado para ejecutar una misión en Escocia. A estas alturas, Wallace y sus hombres tenían el beneficio de un armamento más sofisticado: un yelmo de acero, una armadura para el torso y las manos, una cota de malla y un collar de acero. Wallace y sus cincuenta hombres obligaron a Fenwick - que estaba acompañado por ciento ochenta hombres - a luchar a pie apuñalando a los caballos ingleses bajo sus vientres. Fenwick y sus lugartenientes fueron rápidamente masacrados, pero ochenta soldados ingleses lograron escapar. (Wallace solo perdió tres de sus hombres). El ejército de Wallace reclamó entonces doscientos caballos y las provisiones que llevaban, junto con las armas, armaduras y dinero de los caballeros ingleses caídos.

La noticia de esta victoria inspiró a muchos hombres escoceses y fugitivos a unirse a Wallace o a resistir a los ingleses a su manera. La reputación de invencibilidad de los caballeros ingleses había sido herida. Lord Percy intentó inicialmente establecer una tregua con Wallace (muchos magnates escoceses habían cambiado de bando tras ser atraídos por la promesa de grandes propiedades y riquezas). El tío de Wallace, Sir Ronald Crawford, logró convencerlo de que aceptara la tregua que se le presentó. Sin embargo, Wallace fue incapaz de adaptarse a una vida de paz y tranquilidad tras disolver su ejército. Después de un sangriento enfrentamiento con los soldados ingleses en la ciudad y el asesinato de varios de los propios hombres de Lord Percy (exigieron impertinentemente que Wallace entregara el caballo de carga de Sir Ronald), Wallace fue declarado formalmente un forajido y un enemigo del rey Eduardo.

Después de reclutar a sesenta resistentes hombres, Wallace comenzó a imitar a Robin Hood. Sus hombres comenzaron a robar y matar caballeros ingleses y a dispersar sus posesiones al pueblo escocés. Se enfrentaron a Sir James Butler de Kinclaven y sus hombres, eliminando una vez más la ventaja de sus caballos y armaduras superiores al obligarles a luchar a pie. La racha de victorias de Wallace solo se vio interrumpida por la caballería de mil hombres de Sir Gerard Heron. Los hombres de Wallace eran formidables en combate cuerpo a cuerpo, pero eran blancos fáciles para los arqueros ingleses y su amplio suministro de flechas. Tras perder a muchos de sus hombres y recibir una flecha en su propio cuello (que le dejó una cicatriz duradera), Wallace se vio obligado a retirarse.

La representación más reciente y conocida de la historia de William Wallace se encuentra en la película de gran éxito de Hollywood de 1995 Corazón Valiente (Braveheart). En esta adaptación de la leyenda de Wallace, se presenta un interés amoroso por Murron MacClannough. El intento de violación y asesinato que sufrió por parte de los ingleses inspiró a Wallace a liderar una revuelta contra ellos. Aunque esta inclusión de un amante confiere al cuento de William Wallace una justicia poética, el cuento original de Wallace de Harry el Ciego no menciona a Murron MacClannough. El poema original sí menciona a una mujer llamada Innis a la que se le atribuye haberle ayudado a escapar de las tropas inglesas, pero no hay indicios de que fuera su esposa o amante.

Aunque la película se basa en una historia de amor como motivación inicial de la rebelión de Wallace, la fuente no es del todo inexacta. En una edición revisada de 1570 del poema de Harry el Ciego, una joven de dieciocho años, Marion Braidfute, es presentada como la esposa de William Wallace. En esta edición, los motivos de la rebelión de Wallace comienzan con el asesinato de Marion por el Sheriff de Lanark.

La trama del poema es simple y simbólica. Wallace conoce a Marion desde muy joven y se enamora de ella a primera vista en la iglesia de San Kentigern, cerca de Lanark. Wallace empezó a ver a Marion en secreto, ya que su amor durante una época de disturbios civiles y guerra era visto como imprudente. Para complicar aún más las cosas, el Sheriff de Lanark estaba, en ese momento, interesado en Marion como una potencial esposa para su hijo.

La historia continúa mientras William Heselrig, Sheriff de Lanark, insulta a Wallace un domingo por la mañana cuando sale de la iglesia de San Kentigern, lo que lleva a una pelea entre los soldados ingleses que acompañan al Sheriff y los hombres de Wallace. Wallace, que según se informa ya se había casado en secreto con Marion, se refugia en su casa después de retirarse. Un grupo de soldados ingleses acompañados por el Sheriff de Lanark marchan a la casa de Marion y exigen la rendición de Wallace. Marion gana tiempo suficiente para que Wallace escape por una ventana trasera, sin embargo, una vez que el Sheriff se da cuenta de que ha sido engañado, irrumpe en la casa con sus hombres y la asesina con furia.

Muchos historiadores sostienen que la inclusión de Marion fue el resultado de los intentos de una familia noble de reclamar un vínculo entre su ascendencia y la de Wallace, ya que Marion dio a luz convenientemente a una hija antes de su muerte a manos del Sheriff. La revisión de 1570 del poema de Harry el Ciego indica que Wallace y Marion se casaron en secreto y tuvieron una hija antes de su asesinato. La hija se casó con un escudero llamado Shaw, preservando así el linaje de Wallace.

Varios historiadores han descartado todas las afirmaciones sobre la existencia de Marion, afirmando que Wallace no tuvo herederos, ni ilegítimos ni de otro tipo.

No se sabe si la existencia de Marion, o Murron, era un hecho o una ficción. Sin embargo, los historiadores confirman que Wallace asesinó con éxito al Sheriff de Lanark en mayo de 1297. En la noche del supuesto asesinato de Marion, Wallace y sus hombres volvieron al pueblo, abriéndose camino a través de las defensas del pueblo y matando, según se informa, hasta 240 ingleses. Wallace fue directamente a las habitaciones de Heselrig, lo encontró y lo mató con un solo corte desde el cráneo hasta la clavícula. Después de ocuparse del Sheriff, procedió a matar a su hijo adulto y luego quemó por completo la casa de la familia.

Aunque los motivos todavía pueden ser cuestionados, el asesinato del Sheriff de Lanark fue sustentado como la verdad en los documentos del juicio de Wallace. Sus cargos en el juicio señalaron el asesinato del Sheriff como una acción simbólica, que galvanizó los diversos esfuerzos de resistencia existentes en la primera guerra de la independencia escocesa.

Después de la masacre de Lanark, Wallace reunió sus fuerzas en Ayrshire, el territorio con el que estaba más familiarizado. Ahora, en compañía de viejos y nuevos seguidores que estaban bajo el hechizo de su fervor revolucionario, tenía tres mil hombres bien armados a su disposición. Entre sus rangos se encontraba Gilbert de Grimsby (conocido como Jop), un estimado soldado que había servido en el ejército inglés y que obtuvo el reconocimiento del propio rey Eduardo. Con su formidable experiencia e inteligencia crítica con respecto al ejército inglés, se convirtió inmediatamente en el abanderado de Wallace. Wallace también contaba con el apoyo de Robert Wishart (el obispo de Glasgow) y James Stewart, que habían sido elegidos Guardianes de Escocia en 1286. Wishart se oponía a los intentos de Eduardo de anglicanizar la Iglesia escocesa y estaba feliz de apoyar a Wallace con su red de clérigos con ideas afines, con la cobertura de la iglesia y su capacidad de "justificar" la revuelta de Wallace como una guerra legítima en nombre del rey Juan.

Otras figuras prominentes de Escocia también desertaron para aliarse con la valiente banda de rebeldes de Wallace. Esto incluyó a William Douglas "el Bravo" y Roberto Bruce, el futuro rey de Escocia[xxxvii]. Andrew de Moray, descendiente de una influyente familia del norte que había liderado una revuelta contra los ingleses y que unió a toda la zona de Moray en su contra, se convirtió en otro aliado notable. Envalentonado por la ausencia de Eduardo (que había puesto al ineficaz Hugh Cressingham a cargo de los intereses ingleses en Escocia), Wallace planeó un ataque a Perth - el centro del régimen inglés en Escocia. Los ingleses se vieron obligados a retirarse a los castillos a medida que el ejército escocés avanzaba, dejando a Wallace y sus hombres libres para recoger el botín y aterrorizar a los ingleses a su vez.

En respuesta, Eduardo reunió un ejército de tres mil jinetes y cuarenta mil lacayos. Su decisiva demostración de fuerza llevó a los magnates escoceses a rendirse el 7 de julio, ya que no pudieron llegar a un consenso sobre la estructura de liderazgo del ejército - o establecer una cadena de mando efectiva. Wallace no tuvo entonces otra opción que atacar a las fuerzas de Lord Percy con la ayuda de Moray y su ejército rebelde. Después de matar a más de quinientos soldados ingleses, salieron victoriosos. Cuando terminó agosto de 1297, Wallace había retomado una gran mayoría del norte de Escocia. Aparte de las fortalezas de Dundee y Stirling, la presencia militar inglesa había sido purgada de la región, obligando a Hugh Cressingham a escribir a Eduardo para informarle que no se podían cobrar impuestos a Escocia y para solicitar más ayuda a John de Warenne, el conde de Surrey y gobernador de Eduardo en Escocia:

> *"Señor, en el momento en que se hizo esta carta, ni antes, desde el momento en que le dejé, no se podía recaudar ni un céntimo en su [reino de Escocia por cualquier medio] hasta que mi señor el Conde de Warren entre en su tierra y obligue a la gente del país por la fuerza y las sentencias de la ley."*

Eduardo ordenó a John de Warenne que apoyara a la guarnición de Stirling y levantara el asedio en Dundee. Wallace estaba ocupado intentando someter a las fuerzas inglesas en Dundee cuando supo de una gran fuerza inglesa, liderada por Warenne y Cressingham, que se movía hacia el norte, hacia Stirling.

Stirling está situada en una posición estratégicamente crucial en Escocia. El castillo en sí estaba situado sobre un gran peñasco que dominaba las llanuras circundantes y era uno de los más formidables de las islas británicas. Stirling era la puerta de entrada a las tierras altas, por lo que los ingleses consideraban que retomar el castillo era el primer paso para restablecer el control sobre el norte.

Warenne confiaba en una victoria inglesa, teniendo una fuerza muy superior y se asumía que la rebelión de Wallace terminaría con una derrota en batalla o por negociación. Sin embargo, la historia nombraría a Stirling como el lugar de la victoria militar más emblemática de Wallace, donde aprehendió a Cressingham y al gran ejército inglés de John de Warenne[xxxviii]. A pesar de su gran superioridad numérica, de armamento y de logística, la caballería y la infantería inglesas fueron fatalmente socavadas por la estrechez del puente de Stirling. Solo era suficientemente ancho para acomodar a dos jinetes que viajaban a la par; el ejército inglés de 16.000 hombres tardaría unas pocas horas en cruzarlo en su totalidad, estando en una posición estratégicamente desventajosa.

Warenne esperaba que Wallace y Moray se rindieran sin luchar y se sorprendió cuando el ejército mucho más pequeño se estableció en la orilla opuesta, negándose a admitir la derrota. Durante algunos días, ambas fuerzas se enfrentaron, cada una de ellas sin querer hacer el primer movimiento. Warenne envió al otro lado del río dos frailes dominicos para negociar una rendición. Regresaron con este mensaje:

"Dile a tu comandante que no estamos aquí para hacer la paz, sino para luchar, defendernos y liberar nuestro reino. Que vengan, y lo demostraremos hasta en sus propias barbas."

Demasiado confiado e impaciente, porque una batalla prolongada significaba más gastos militares, Warenne finalmente ordenó a sus tropas que cruzaran el puente el 11 de septiembre.

Toda la fuerza inglesa debía cruzar el estrecho puente y enfrentarse al enemigo en la orilla opuesta. Una sugerencia fue presentada por Richard Lundie, un noble escocés que había cambiado de lado. Instó a los ingleses a enviar una fuerza de jinetes e infantería río arriba, al vado de Drip, para proteger al resto del ejército mientras avanzaba por el río:

"Señores míos, si seguimos hasta el puente, somos hombres muertos; pues no podemos cruzarlo más que de dos en dos, y el enemigo está en nuestro flanco, y puede caer sobre nosotros como quiera, todos en un mismo frente. Pero hay un vado no muy lejos de aquí, donde podemos cruzar sesenta a la vez. Por lo tanto, dejadme ahora quinientos caballeros y un pequeño cuerpo de infantería, y rodearemos al enemigo por la retaguardia y lo aplastaremos; y mientras tanto, vos, mi señor conde, y los demás que están con vos, cruzaréis el puente con total seguridad".

Cressingham intervino, sin embargo, quejándose de que ya se había gastado una gran cantidad de dinero para contener la revolución. Se requería una rápida victoria, y el ejército inglés debía cruzar el río inmediatamente.

Cuando poco más de la mitad del ejército inglés había llegado al otro lado, Wallace y Moray pusieron en marcha su trampa. Los rebeldes escoceses avanzaron por la calzada con sus largas lanzas, mientras sus camaradas cruzaban el río para bloquear el extremo norte del puente. Con los arqueros del lado escocés del río, los ingleses no podían confiar en su mortal alcance. Cressingham murió junto a cinco mil soldados ingleses, elevando la batalla de Stirling a la victoria más significativa de Escocia contra el ejército inglés desde la Edad Media. Con Andrew Moray herido de muerte, Wallace no tuvo que compartir el crédito por la trascendental victoria.

Wallace fue aclamado como el líder y salvador de Escocia y abrazado por los plebeyos (su popularidad entre los nobles escoceses no era tan grande). Después de su éxito en Stirling, Wallace forzó al ejército inglés en Dundee a rendirse. Reclamó el control del Castillo de Cupar, pero no pudo forzar a los ingleses a salir del Castillo de Edimburgo, el Castillo de Dunbar, el Castillo de Berwick y el Castillo de Roxburgo. Con la excepción de tales bastiones, logró forzar a una gran parte del ejército inglés a salir de Escocia. También derrotó a Patrick IV, Conde de Marzo, un importante magnate escocés que se negó a cambiar de lado (también insultó a Wallace por sus orígenes humildes).

Una vez que Patrick IV fue derrotado, Wallace fue capaz de cambiar las cosas en Berwick, un antiguo asentamiento escocés que había desertado después de una derrota en el año anterior. Wallace condujo sus tropas al asentamiento, convirtiendo el pequeño pueblo en un escenario de brutal carnicería. Poco después de Berwick, Wallace llevó a sus hombres al sur, a Northumberland y Cumbria. La población de Northumbria había sido testigo recientemente de la huida hacia el sur del ejército inglés, previamente invicto, y rápidamente siguió su ejemplo, evacuando la zona con toda la comida y el ganado disponibles, sin dejar nada que los escoceses pudieran recoger.

Sin embargo, cuando el ejército de Wallace llegó a Cumbria, demostró que había aprendido de sus errores anteriores. Se movieron con mucho más cuidado, tomando todos los alimentos y suministros disponibles en la zona antes de volver a Northumberland. Esto los dejó fuertes y bien equipados.

Wallace no tenía intención de atacar las fortalezas que albergaban las guarniciones inglesas restantes en Escocia, sin embargo, hizo una excepción en Carlisle. El Castillo de Carlisle estaba situado en un punto estratégico en la entrada occidental de Escocia, uno que no podía dejarse en manos inglesas si los escoceses querían asegurarse el control de Escocia. Wallace envió una gran fuerza para rodear el Castillo, pero no tenía planes de asaltarlo. El resto de su ejército fue enviado a Newcastle para quemar completamente la ciudad de Ryton después de que sus habitantes se burlaran de los escoceses del otro lado del río Tyne, ¡sus ciudadanos nunca pensaron que el ejército cruzaría el río para vengarse!

Durante semanas, Wallace arrasó el norte de Inglaterra, quemando más de 700 pueblos ingleses. Las fuerzas de Wallace mataron a miles de personas en su furia, y los que quedaron no tenían ninguna voluntad de resistir a los invasores escoceses. Por lo tanto, el ejército tuvo rienda suelta para saquear cientos de pueblos y ciudades, tomando la mayor parte de sus alimentos y posesiones.

El dominio escocés en el norte de Inglaterra llegó a su fin poco antes de Navidad, con los ingleses liderando un contraataque bajo el mando de Sir Robert de Clifford. Varios miles de soldados ingleses mataron a más de trescientos escoceses en Annandale. Cuando el avance inglés se detuvo en Navidad, ya tenían diez pueblos y ciudades. Habían reclamado el pueblo de Annan y destruido la Iglesia de Gisburn. Inocentes a ambos lados de la frontera escocesa sufrirían inmensamente en este tiempo, ya que los escoceses se retiraron al norte.

Wallace alcanzó la cumbre de sus poderes a finales de 1297 y principios de 1298, cuando fue nombrado Guardián de Escocia. Este honor le dio el poder de actuar en nombre de todo el reino escocés - con el respaldo y consentimiento de los magnates. Sin duda había muchos magnates que se oponían a la idea de que un joven sin orígenes prestigiosos se convirtiera en su líder, pero Wallace ya se había ganado el corazón de la gente y contaba con el respaldo de un ejército sorprendentemente exitoso. Los caballeros, condes y barones escoceses también se habían desacreditado a sí mismos con sus notorias lealtades tambaleantes.

Desafortunadamente para Wallace, los condes escoceses fueron incapaces de proporcionarle su apoyo total. Wallace intentó unir el desorganizado y dividido reino, pero muchos de los nobles escoceses no podían dejar de lado su envidia y su orgullo herido para aceptar que habían sido superados por un plebeyo, aunque fuera por un bien mayor. No obstante, fueron lo suficientemente leales a Wallace como para permanecer ausentes de una sesión del parlamento que Eduardo convocó el 14 de enero de 1298. Esta ausencia los marcó como enemigos públicos de Inglaterra, y sirvió como señal de cómo el control de Eduardo sobre Escocia había disminuido.

Solo la muerte pondría fin a las ambiciones de Eduardo de conquistar Escocia. (Llegaría a ser conocido como "Scottorum malleus" - el Martillo de los Escoceses - después de su muerte)[xxxix]. Sin dejarse intimidar por la postura indignada de los condes ingleses ante los costos financieros de todas sus invasiones extranjeras, empezó a recaudar dinero para montar un decisivo contraataque contra Wallace. Movilizó las tropas galesas y reunió un ejército de catorce mil jinetes y cien mil soldados a pie; el mayor ejército que se ha reunido hasta ahora contra los escoceses.

John de Warenne, ansioso por redimirse después de la batalla del Puente de Stirling, lideró la masiva fuerza inglesa en Roxburgo, asegurando un rápido triunfo. El tamaño del ejército permitió otras rápidas victorias, con Berwick rindiéndose. Fue solo en Kelso que la presencia de la caballería de Wallace detuvo el avance hacia las colinas. En Berwick, Warenne recibió la comunicación de Eduardo de que regresaba de Francia para tomar el mando supremo de la invasión escocesa. Warenne recibió instrucciones de permanecer en Berwick hasta que Eduardo llegara.

A su favor, Wallace hizo extensos preparativos para su última confrontación con el poderío militar de Inglaterra. Organizó Escocia en distritos militares y comenzó a reclutar a todos los varones escoceses mayores de 16 años. Estableció una cadena de mando basada en el mérito, eliminando las jerarquías feudales que privilegiaban a los miembros de las clases terratenientes en el ejército. Colocó hombres comunes ambiciosos y capaces en el clero, la policía y la fuerza de trabajo administrativa. Mientras que los escoceses estaban generalmente ansiosos por unirse al creciente ejército de su legendario líder, Wallace todavía dejaba prudentes recordatorios sobre las consecuencias que esperaban a aquellos que ignoraban sus reglas de reclutamiento. Hizo que se construyera una horca en cada ciudad, pueblo y burgo.

Wallace también recurrió al clero en su misión de reforma, nombrando a William de Lamberton, un antiguo partidario de Wallace, como jefe de Saint Andrews. Con Lamberton en una posición de poder, Wallace eliminó a todos los sacerdotes ingleses del clero, purgando las tropas de los hombres que habían sido colocados allí por Eduardo. Algunos de los sacerdotes y monjas ingleses que fueron removidos fueron asesinados en el proceso.

Dos pueblos en Lothian y Berwickshire fueron destruidos para evitar que los ingleses tuvieran acceso a alimentos y provisiones cuando llegaran. La estrategia de tierra quemada de Wallace demostró ser efectiva para frustrar el gran ejército de Eduardo (aproximadamente 87.500 hombres), cuya moral se vio paralizada por el hambre cuando los barcos de suministros ingleses se vieron comprometidos por el clima itinerante y por los piratas escoceses.

Wallace también ideó una nueva formación militar; una diseñada específicamente para combatir a la caballería pesada inglesa que era tan efectiva contra los lacayos escoceses de armadura ligera. La táctica fue llamada el schiltron. Los soldados a pie utilizarían lanzas de más de tres metros y medio de largo (doce pies) para crear una formación defensiva similar a un erizo, con puntas de lanza en todas las direcciones. Con los soldados a pie llevando también escudos, la infantería escocesa estaba en mejor posición para sobrevivir a los arqueros ingleses, así como a la embestida de los caballeros ingleses fuertemente blindados.

Eduardo regresó a Inglaterra y comenzó a establecer sus planes para invadir el norte, probando la fuerza de las defensas escocesas, así como la voluntad de resistencia del pueblo. Eduardo comenzó a mover grandes cantidades de suministros a Carlisle, con más suministros acumulados en Inglaterra para ser enviados a Berwick y Edimburgo una vez que fueran reclamados. Todo esto fue en preparación de la principal invasión que tuvo lugar el 25 de junio de 1298.

Eduardo llegó a Roxburgo el 24 de junio con un ejército compuesto por cuatro mil jinetes ligeros, tres mil de caballería pesada y ochenta mil soldados a pie. De estos, la mayoría eran tropas contratadas en Irlanda y Gales. Los ingleses marcharon desde Roxburgo para enfrentarse al ejército de Wallace en la batalla de Falkirk.

El enorme ejército de Eduardo vino con enormes problemas logísticos. A pesar de los suministros que se habían preparado antes de la salida del ejército, alimentar a este último seguía siendo una tarea laboriosa y difícil. Tampoco se hizo más fácil por la estrategia de tierra quemada de Wallace, que no dejaba a los ingleses nada que buscar mientras se desplazaban a Escocia. Eduardo intentó levantar la moral de sus tropas distribuyendo doscientos barriles de vino de los barcos de suministro que habían logrado evadir a los piratas escoceses. Sin embargo, esto simplemente llevó a luchas internas entre las tropas inglesas y galesas, desmoralizando aún más al hambriento ejército.

Con el ejército sufriendo desgaste y baja moral, Eduardo ordenó a sus tropas que se retiraran a Edimburgo para esperar los suministros. Fue en Edimburgo donde Eduardo fue informado del avistamiento del ejército escocés, a 18 millas de distancia en el bosque de Selkirk. A las 9 de la mañana de ese día el ejército inglés marchaba hacia Falkirk, llegando a Linlithgow al anochecer. La caballería escocesa fue vista al día siguiente, y el ejército inglés se dirigió hacia los campos de Falkirk.

Wallace habría tenido una carrera política y militar más larga si hubiera esperado más tiempo que el ejército inglés. En lugar de eludirlos continuamente en la campiña escocesa y esperar a que se retiraran debido a la fatiga y a la aguda escasez de alimentos, el ejército de Wallace enfrentó a los hombres de Eduardo en una desacertada confrontación directa en la batalla de Falkirk.

Wallace tenía el schiltron - su nueva formación militar diseñada para enfrentarse a la caballería inglesa. Sin embargo, no pudo anticipar el alcance mortal del arco largo de los galeses y de los Lancaster. Este reciente invento militar puede ser comparado en el contexto de guerra medieval al gas venenoso usado en las guerras modernas.

Eduardo ordenó inicialmente a los galeses que avanzaran contra el schiltron escocés. Sin embargo, se negaron a ser utilizados como cobayas, obligando a Eduardo a ordenar en su lugar a la Caballería Inglesa. A medida que la caballería avanzaba, descubrieron que las aparentemente robustas praderas escondían terrenos pantanosos. Incapaz de avanzar, la caballería pesada se vio obligada a encontrar un camino alrededor del pantano. La segunda línea de caballería avanzó más cautelosamente, dirigiéndose hacia el lado este del pantano, esperando la tercera línea de avance liderada por el propio Eduardo.

Los schiltrons de Wallace estaban en posición de cubrir las cuatro líneas de la caballería inglesa; sus lacayos eran disciplinados y estaban bien armados con sus lanzas. La caballería inglesa no estaba dispuesta a enfrentarse directamente a esta formación de erizos, por lo que dirigieron su atención a los arqueros escoceses.

Mientras la caballería hacía un rápido trabajo con los arqueros escoceses, Eduardo ordenó el avance de la infantería, incluyendo a los arqueros Lancaster, que dejaron volar sus flechas a un rango increíble. Los escoceses simplemente no tenían defensa contra la incesante lluvia de flechas que caía del cielo - acompañada por la ráfaga de piedras y rocas lanzadas por la infantería inglesa. Mientras los otrora inexpugnables schiltrons se tambaleaban bajo la interminable lluvia de flechas y proyectiles, los hombres de Wallace abandonaron sus filas para retirarse. Los caballeros ingleses los derribaron, matándolos en combate cuerpo a cuerpo, donde sus lanzas de doce pies eran prácticamente inútiles.

Wallace logró escapar con algunos miembros sobrevivientes de su ejército. Su infantería (que en su día fue de diez mil hombres) había sido masacrada, pero la caballería escocesa había decidido sabiamente retirarse y luchar contra los ingleses en condiciones más favorables. La reputación de Wallace como líder militar había sido permanentemente dañada. Renunció a su cargo de Guardián de Escocia poco después, y volvió a la vida de forajido. Durante su retirada frente al ejército inglés, ordenó que las ciudades de Stirling y Perth fueran destruidas. Cuando los barcos de provisiones que Eduardo esperaba de Irlanda y el oeste de Inglaterra no llegaron, el ejército inglés sufrió una hambruna de quince días. Eduardo se vio obligado a abandonar sus planes para erradicar completamente lo que quedaba de las fuerzas de resistencia de Escocia.

Durante los siete años siguientes, Eduardo ordenó a sus tropas que atacaran a Escocia anualmente. La vida de Wallace fue en gran medida decepcionante durante este tiempo. Acosaba a los ingleses siempre que podía con su unido grupo de forajidos, mientras que ocasionalmente viajaba al extranjero para ganarse el apoyo del rey Felipe de Francia, de Erico II de Noruega y del papa. Los esfuerzos diplomáticos de Wallace fueron infructuosos al final. En 1304, la nobleza escocesa se rindió y aceptó firmar un acuerdo con Eduardo. Después de aceptar la sumisión de la nobleza escocesa, el propio Eduardo lideró un ataque al Castillo de Stirling - el último bastión que desafió el dominio inglés.

Eduardo ordenó que el castillo fuera bloqueado, impidiendo que los suministros llegaran a los defensores. Masivas herramientas de asedio fueron enviadas desde Edimburgo, y los muros del Castillo de Stirling serían probados por la mayor artillería que los ingleses poseían en ese momento. El 22 de abril, Eduardo tomó el control de las operaciones de asedio en Stirling. El arsenal de asedio inglés era variado. Por ejemplo, había trece catapultas, cada una capaz de lanzar una piedra de más de 130kg (300 libras) a más de mil metros. Había otras máquinas especializadas que se utilizaban para tirar desde sus propias galerías y parapetos, carneros para derribar los portones, e incluso una torre móvil que era capaz de levantar una jaula de veinte hombres sobre los muros del castillo.

Los defensores no sucumbieron sin luchar, derramando aceite hirviendo y plomo fundido sobre los atacantes. Sin embargo, la falta de suministros estaba cobrando un precio. El 20 de julio de 1304, los rebeldes escoceses finalmente sucumbieron a la demanda de Eduardo de una rendición absoluta e incondicional. El líder de los rebeldes de Stirling, Sir William Oliphant, fue encarcelado en la torre de Londres, dejando a Wallace como la única figura en oposición a los ingleses. Con una recompensa de trescientos merks por la cabeza de Wallace y la determinación de Eduardo de capturarlo, Wallace no tenía ninguna posibilidad de victoria y pocas posibilidades de sobrevivencia.

Eduardo fue misericordioso con los magnates escoceses que se le oponían, ofreciendo solamente humillación pública, destierro por unos pocos años, o exilio; su odio parecía estar especialmente destinado a Wallace. Eduardo obligó a los líderes escoceses a cazar a Wallace a cambio de castigos más indulgentes por su insurrección. A pesar de la oferta, ninguno de estos hombres tomó ninguna acción seria para cazar al legendario escocés.

Wallace fue finalmente traicionado por su propio sirviente, Jack Short, y por Sir John Menteith, un confiable barón escocés que había sido tentado por la promesa de Eduardo de riquezas y títulos de tierra. Eduardo seleccionó específicamente a John Menteith para cazar a Wallace ya que el hombre lo conocía personalmente, siendo Wallace el padrino de los dos hijos de Menteith.

En el poema épico de Harry el Ciego, Menteith se mostraba aparentemente reluctante en ejecutar su misión. Solo después de que Eduardo le escribiera personalmente, consiguió que su sobrino se uniera a la banda de guerrilleros de Wallace, para seguir sus movimientos. Wallace había salido a caballo de Robroyston, con la esperanza de reunirse con Roberto Bruce, el hombre que creía que podría restaurar la independencia de Escocia, mientras que él no podía. El sobrino de Menteith le informó rápidamente del plan, y con sesenta de sus hombres más leales cabalgó para interceptar la fuerza mucho mayor de Wallace.

No hubo lucha entre las dos fuerzas mientras Menteith esperaba el anochecer antes de llegar al campamento de Wallace. La mano derecha de Wallace fue asesinada antes de que el mismo Wallace fuera arrastrado de la cama que compartía con su amante. Sin esperanza y superado en número, Wallace aún intentó luchar contra los hombres de Menteith con sus propias manos. Harry el Ciego menciona que Wallace fue engañado, Menteith había declarado que la zona estaba rodeada por una fuerza mucho mayor que la que él había traído. Ingenuamente, Wallace aceptó ser atado de pies y manos y escoltado al castillo de Dumbarton bajo la protección de Menteith.

Menteith fue recompensado generosamente por esto. La carta de Eduardo había pedido que Menteith capturara vivo a Wallace para permitir una muerte humillante que destruiría la reputación de la leyenda y desmoralizaría aún más a los escoceses derrotados.

Después de ser capturado, fue sometido a un juicio-espectáculo en Westminster y rápidamente fue encontrado culpable de sedición, homicidio, robo, incendio provocado y otros crímenes.

El juicio fue importante para impresionar tanto a los ingleses como a los escoceses de la depravación a la que Wallace se había rebajado en su impía insurrección contra la Corona Inglesa. La propaganda inglesa había pintado un cuadro del joven gigante como "un ogro de indecible depravación que despellejaba vivos a sus prisioneros, quemaba bebés y obligaba a las monjas a bailar desnudas para él". La reputación inglesa de Wallace también se extendió a un torturador de sacerdotes, violador de monjas y asesino de mujeres y niños por fuego y espada.

No se le dio ninguna oportunidad de defensa a Wallace, y no se le dio ningún abogado ni ninguna oportunidad de hablar contra los cargos que se le imputaban. El asesinato del Sheriff de Lanark por Wallace fue señalado como el evento catalizador que desencadenó la insurrección escocesa contra el "legítimo" señor de Escocia, Eduardo. Wallace, sin embargo, se aseguró de declarar en voz alta a todo el que pudiera oír que no podía ser culpable de traición, ya que nunca había jurado lealtad a Eduardo.

Wallace fue ejecutado en Westminster el 23 de agosto de 1305 mientras una gran multitud inglesa lo aclamaba. La muerte de Wallace era vista como un procedimiento bastante normal traidores durante este período[xl]. Wallace fue desnudado antes de ser llevado al campo de ejecución. Arrastrado por caballos, el escocés desnudo fue llevado desde el Palacio de Westminster a la Torre de Londres y luego a través de la ciudad a los Olmos. Se le arrojó basura y excrementos por las burlonas multitudes inglesas.

Una vez que Wallace llegó a los Olmos fue llevado del carro a la horca. Allí fue colgado pero bajado antes de que su cuello se rompiera. Le quitaron los genitales y lo destriparon, le sacaron los intestinos para quemarlo. Sus órganos internos siguieron mientras el verdugo le quitaba el hígado y los pulmones. Su muerte final llegó cuando le quitaron el corazón de su cuerpo. La mafia inglesa vitoreó cuando le cortaron la cabeza con un cuchillo. Todo esto tenía la intención de humillar y degradar al héroe escocés. Su cuerpo fue entonces descuartizado; cortado en cuatro pedazos.

Su cabeza fue colgada en el Puente de Londres, mientras que los cuatro pedazos de su cuerpo fueron enviados a Newcastle-upon-Tyne, Berwick, Stirling y St. Johnstone "como advertencia y disuasión para todos los que pasan y los contemplan". Eduardo pretendía que el destino de Wallace fuera una traumática advertencia para cualquiera en Escocia que se atreviera a resistirse a su gobierno, pero Wallace demostraría ser más poderoso en la muerte de lo que había sido en vida. Vivió como un héroe popular y un mártir del más alto nivel - un símbolo inmortal de las longitudes y profundidades que Escocia estaba dispuesta a recorrer para liberarse del maldito yugo de la opresión inglesa.

Capítulo 5 – Lucha por el Poder

El legendario fervor patriótico de Wallace - durante su vida y después de ella - puede haber inspirado a muchas élites escocesas a desertar de Eduardo y creer en su capacidad para resistir el dominio inglés, pero nunca fue capaz de unirlos. Tras la caída de Wallace, la nobleza escocesa seguía dividida a causa de la culpabilización que había aparecido por primera vez durante la crisis de sucesión de Escocia.

Después de que la carrera de Wallace como Guardián de Escocia terminara, se estableció una frágil tregua entre dos nobles rivales: Juan Comyn y Roberto Bruce. Comyn era sobrino de Juan de Balliol, el rey exiliado de Escocia. Los Comyn eran una poderosa familia noble del norte con importantes recursos militares, y se dedicaron personalmente a hacer los arreglos para que el exiliado rey Juan regresara a Escocia. Roberto Bruce compartía el mismo nombre que su abuelo, que había competido con Juan de Balliol por el trono de Escocia en 1290, y tenía ambiciones reales similares.

En mayo de 1300, Bruce no fue capaz de mostrar su apoyo para el regreso de Balliol y renunció al puesto de Guardián. Hacia 1304, sin embargo, Juan de Balliol se había conformado con el hecho de que nunca podría volver a su trono. Las maniobras diplomáticas de Escocia habían sido en vano. El papa necesitaba el apoyo militar de Eduardo para su última cruzada contra el islam. Después de la muerte de su primera esposa Eleanor, Eduardo astutamente arregló su matrimonio con Margarita - la hermana de diecisiete años del rey Felipe - para negociar un tratado de paz con Francia. El rey Felipe y el papa Bonifacio VIII terminaron en una guerra abierta el uno contra el otro, resultando en la muerte del papa. Como líder de facto de la nobleza escocesa, Comyn encabezó las negociaciones de paz con Eduardo el 9 de febrero de 1304. Esta capitulación fue una sentencia de muerte para todas las esperanzas de que Balliol fuera restituido al trono escocés. El propio padre de Bruce también murió en 1304, dejándolo como único reclamante al trono.

Dos años y un día después, ocurrió el asesinato político más decisivo de la historia de Escocia. John Comyn se reunió con Roberto Bruce en el monasterio de Greyfriars en Dumfries, presumiblemente en términos pacíficos ahora que el gobierno de Eduardo sobre Escocia había sido formalmente aceptado por todos los nobles. Tampoco está claro si fue Roberto Bruce o sus seguidores los que dieron el *coup de grâce*, pero Comyn fue dejado muerto por una herida de cuchillo fatal en el altar de la iglesia.

Las intenciones de Bruce de matar a Comyn siguen siendo turbias, al igual que su legado como el luchador por la libertad que finalmente aseguró la independencia de Escocia. Cuando se le compara con el patriotismo puro e inequívoco de Wallace, Bruce ciertamente parecía ser mucho más oportunista, egoísta y calculador. (Sin embargo, hay que recordar que era muy común que los nobles escoceses de la época cambiaran de lado para buscar el poder). Bruce y su padre habían apoyado a Eduardo I cuando invadió Escocia en 1296, con la esperanza de asegurar la corona para su linaje después de que Balliol fuera desplazado. Durante las tumultuosas rebeliones contra el dominio inglés entre 1295 y 1304, Bruce alternó entre ser uno de los principales partidarios de Wallace y un aliado de confianza de Eduardo. Bruce había cambiado de lado varias veces, siendo un Guardián de Escocia durante un período de resistencia, y luego cambiando de lado a Eduardo durante la pérdida de la batalla de

Falkirk. Mientras que el cambio de lado de Bruce puede ser considerado inconsistente y voluble, sus acciones fueron similares a las de todos los demás nobles con tierras y propiedades, cuya lealtad fue primero a la familia y la fortuna.

Bajo el estímulo del obispo Wishart, Bruce había elevado el nivel de la revuelta en Irvine en 1297. Esto significó su ausencia de la legendaria batalla del puente de Stirling. Después de que su levantamiento fracasara y Wallace saliera victorioso, Bruce no se unió a sus tropas. En su lugar, mantuvo un perfil bajo y esperó a ver cómo responderían los ingleses a la inesperada derrota. Bruce también había estado ausente en la calamitosa batalla de Falkirk.

Por lo tanto, no había ninguna evidencia de este tiempo - y ciertamente ninguna profecía - que sugiriera su eventual transformación en un líder de la guerra de independencia de Escocia. En cualquier caso, es poco probable que Bruce haya asesinado a Comyn por algún ideal abstracto relacionado con el orgullo y el honor escoceses. Bruce; aparentemente, o bien (1) asesinó a Comyn a sangre fría para allanar el camino al trono; o (2) lo mató por rabia - su rivalidad ciertamente había incurrido en costos políticos y financieros de su lado - y luego improvisó una oferta para el trono.

Los historiadores no están seguros de lo que ocurrió durante ese fatídico encuentro, pero tienen claras las consecuencias de la muerte de Comyn. Dados los posibles motivos de Bruce para matar a Comyn, el papa decidió castigarlo por cometer un asesinato en un lugar santo. Bruce fue excomulgado (es decir, expulsado de la Iglesia católica) por este sacrilegio. Esto fue un duro golpe a las ambiciones reales de Bruce, ya que la Iglesia le habría conferido legitimidad y protección a su estatus de monarca legítimo. Sin desanimarse, procedió a reclamar el trono para sí. Bruce tenía el apoyo de Robert Wishart, el obispo de Glasgow y uno de los principales partidarios de Wallace. Wishart convenció a Bruce de que tomara el trono y ayudó a organizar su coronación. El 25 de marzo, Bruce se apresuró a Scone y fue coronado como el rey de Escocia (la Piedra de Scone y las Joyas de la Corona Escocesa estuvieron ausentes de la ceremonia).

Bruce puede haber asegurado el trono con aparentemente poco esfuerzo, pero su inesperada posición de rey fue extremadamente difícil. Eduardo tenía un firme control sobre la mayoría de los castillos importantes de Escocia y lo consideraba un traidor. Muchos de los otros nobles escoceses habían sido aliados de Comyn y Juan de Balliol y no asistieron a la ceremonia de coronación de Bruce. Con una posible guerra civil en sus manos y la ira de Eduardo sobre su cabeza, la posición de Bruce era tremendamente precaria.

No tuvo que esperar mucho tiempo para sufrir por sus audaces ambiciones reales. En junio de 1306, sufrió su primera derrota contra el ejército de Eduardo en la batalla de Methven. Liderados por Aymer de Valence, segundo conde de Pembroke[xli], la fuerza inglesa tomó por sorpresa al ejército de Bruce y casi lo erradicó por completo. Bruce escapó con algunos seguidores hacia sus tierras natales en el suroeste, dejando a sus dos partidarios clericales - William de Lamberton y Robert Wishart - para consumirse en una mazmorra inglesa. (Como eran hombres santos, se salvaron de la ejecución).

Bruce sufrió más pérdidas personales y militares incluso mientras viajaba hacia sus tierras. Sus propios hombres fueron interceptados por John MacDougall y sus hombres. Un partidario de Comyn, MacDougall estaba empeñado en la venganza por el asesinato de John Comyn en Greyfriars. Bruce tuvo suerte de sobrevivir a la batalla de Dalry en julio de 1306, que casi eliminó a todos sus seguidores sobrevivientes. Bruce era ahora prácticamente un fugitivo, acosado por los ingleses y sus oponentes escoceses.

Él se vio entonces obligado a soportar traumáticas pérdidas personales. Su esposa, hija y dos hermanas habían viajado con él y sus hombres, pero decidió enviarlos al Castillo de Kildrummy por la preocupación de su seguridad. Fueron escoltados por su hermano menor Nigel. En septiembre, los ingleses atacaron el castillo y obligaron a los escoceses a rendirse. Nigel fue colgado, arrastrado y decapitado (como Wallace) - un golpe devastador para Bruce (el hermano mayor) y sus tres hermanos restantes (Edward, Thomas y Alexander). Los ingleses también capturaron a la esposa, hija y dos hermanas de Bruce y las pusieron bajo arresto domiciliario. Como rehenes, podrían ser peones útiles en una negociación con Bruce si alguna vez llegara al poder. Mary Bruce e Isabella MacDuff, condesa de Buchan, fueron encarceladas en jaulas que fueron colgadas en sus respectivos castillos (Berwick y Roxburgo) para disuadir a otros rebeldes.

Capítulo 6 – Conflictos Internos

El otoño y el invierno de 1306 fue el punto más bajo de la carrera de Bruce[xlii]. Él se vio obligado a huir del continente escocés, y se ganó el poco envidiable apodo de King Hob ("Rey Nadie") durante este tiempo. Su escondite exacto durante este difícil período sigue siendo desconocido, pero los historiadores especulan que se escondió en una caverna en la Isla de Rathlin, que se encuentra entre Kintyre y el Condado de Antrim en Irlanda del Norte. Mientras Bruce estaba ausente, los ingleses capturaron a otros dos de sus hermanos: Thomas y Alexander. Ambos fueron ejecutados. Se dice que Bruce ha conservado su esperanza y paciencia observando la perseverancia de araña en sus aparentemente inútiles y tontos intentos de tejer una telaraña de un lado del techo de la caverna a otro (versiones alternativas de la historia sustituyen el techo de la caverna por dos niveles de techo diferentes). Después de fracasar dos veces, logró su objetivo en su tercer intento.

En febrero de 1307, Bruce volvió al continente escocés para enfrentarse a sus oponentes por tercera vez. Su principal defensor era Edward, su último hermano sobreviviente. Bruce y Edward reunieron más partidarios de sus tierras familiares en Carrick. Después de sus primeros desastres, Bruce había llegado a la sabia conclusión de que nunca podría derrotar a los ingleses en una batalla tradicional. Al igual que Wallace, disponía de una mejor chance apoyándose en emboscadas, ataques por sorpresa, tácticas de guerrilla y estrategias militares poco convencionales:

"Dejemos que la destreza bélica de Escocia sea esta: soldados a pie, montañas y terrenos pantanosos; y que sus bosques, su arco y su lanza sirvan para las barricadas. Que la amenaza aceche en todos sus estrechos lugares entre sus bandas de guerreros, y que sus llanuras ardan tanto con el fuego que sus enemigos huyan. Clamando en la noche, que sus hombres se mantengan alertas, y sus enemigos en la confusión huirán de la espada del hambre. Seguramente será así, ya que nos guía Roberto, nuestro señor".

- *La estrategia de Escocia en el Combate de Guerrillas (c.1308)*[cliii]

En abril, Bruce aseguró su primera victoria menor contra los ingleses en la batalla de Glen Trool[xliv]. Su estrategia de emboscar a John Mowbray y sus hombres, atacando por las empinadas laderas, demostró ser muy efectiva. Al mes siguiente, Bruce redimió su reputación militar al derrotar a Aymer de Valence en la batalla de la Colina de Loudoun. Esta vez, Bruce se impuso gracias a las mismas circunstancias de "cuello de botella" que habían inclinado la balanza a favor de Wallace en la batalla del puente de Stirling. Valence tenía el ejército más grande, pero sus hombres se vieron obstaculizados por un gran pantano y las zanjas paralelas que los hombres de Bruce habían cavado.

Valence había estado a cargo de la principal fuerza inglesa en Escocia. Esta victoria indudablemente impulsó las esperanzas y la confianza de Bruce y de sus seguidores. Sin embargo, fue más motivador saber la noticia de la muerte de Eduardo I. Mientras viajaba con el objetivo de reconquistar Escocia de una vez por todas, Eduardo I murió en Burgh-by-Sands después de caer enfermo cerca de la frontera escocesa. Su hijo y sucesor, Eduardo II, decidió dirigirse al sur para asegurar su posición como nuevo rey de Inglaterra - en lugar de enfrentarse a Bruce. Eduardo II dio algunos de los más altos cargos de Inglaterra a los más notables oponentes de su padre - lo que le proporcionó mucho antagonismo por parte de los barones.

Una gran parte del conflicto entre Eduardo II y los barones giraba en torno de Piers Gaveston[xlv], antiguo compañero de juegos y hermano adoptivo de Eduardo II. Eduardo I fue el responsable de presentar su casa a Gaveston. Era unos años mayor que Eduardo II, y se le consideraba un modelo positivo por su destreza militar, su atletismo y sus buenos modales. En 1303, Gaveston fue designado como *socious* (compañero) en lugar de *scutifer* (escudero). En 1306, ambos fueron nombrados caballeros. Sin embargo, Eduardo I exilió a Gaveston a Francia más tarde ese año por razones que siguen sin ser aclaradas.

Poco después de que Eduardo II fuera coronado, hizo a Gaveston su consejero principal y lo nombró Conde de Cornualles (un título que solo se confería a la realeza; Gaveston era hijo de un caballero gascón). A Gaveston también se le dieron grandes concesiones de tierras, y la mano en matrimonio de Margaret de Clare, heredera de Gloucester. La verdadera naturaleza de Eduardo II y la relación inusualmente cercana de Gaveston es difícil de determinar. Algunos historiadores han argumentado que habían entrado en una "hermandad de armas", mientras que otros sostienen que en realidad eran amantes (algunos especulan que Eduardo I había exiliado a Gaveston para dar paso al matrimonio de su hijo con Isabel de Francia)[xlvi]. Los cronistas de la época lamentaban el amor del rey por Gaveston, que era descrito como "excesivo", "desmedido", "inmoderado" y "más allá de toda medida y razón"[xlvii].

Independientemente de la verdadera naturaleza de su relación, la idea y la práctica de los favoritos de la realeza no habría sido una causa tan importante de preocupación si Eduardo II hubiera sido un líder eficaz[xlviii]. Había heredado una costosa conquista escocesa, y la corona inglesa estaba fuertemente endeudada. Fue incapaz de reunir un ejército para combatir a Roberto Bruce, sin embargo, cobró impuestos a los ingleses y les arrebató por la fuerza las cosechas.

Eduardo II se distraía fácilmente, era inepto en asuntos militares, desconsiderado y débil. En lugar de ocuparse de asuntos militares y administrativos urgentes, Eduardo se escondía a menudo en sus aposentos con Gaveston. Al permitir que los barones se convirtieran en enemigos reales en lugar de aliados reales, Eduardo II selló su lugar en la historia como el peor de los reyes Plantagenet de Inglaterra.

En 1311, un comité baronal compuesto por 21 miembros redactó las "Ordenanzas"[xlix] – un documento que pedía el exilio permanente de Gaveston de Inglaterra y que se restringieran los poderes de Eduardo II sobre los nombramientos y las finanzas importantes. Fue aprobado en noviembre de ese año, pero Gaveston lo desafió audazmente volviendo a Inglaterra en enero del año siguiente. Eduardo II lo restituyó públicamente, lo que enfureció a los barones. Tomás Plantagenet, conde de Lancaster, primo de Eduardo II y el barón más poderoso en términos de tierras, sentenció a Gaveston a la muerte después de que fuera capturado por las fuerzas baronesas en 1312.

Sin embargo, en lugar de restaurar el gobierno inglés, la muerte de Gaveston solo condujo a más conflictos civiles. Los ingleses se dividieron entre los partidarios de los Lancaster y los que consideraban que el asesinato era una violación de la justicia (aunque se alegraron de ver a Gaveston eliminado). Otras dos figuras problemáticas que ejercieron una influencia más negativa que la de Gaveston aparecieron finalmente al lado de Eduardo II como sus nuevos favoritos: Hugo Despenser el Viejo y su hijo, Hugo Despenser el Joven[l].

El liderazgo ineficaz de Eduardo II y la prolongada, y finalmente condenada, campaña contra los poderosos barones ingleses ciertamente trabajaron a favor de Bruce, ya que le dio más tiempo para solidificar su propia posición. A diferencia de su contraparte inglesa, probaría tener éxito en doblegar a la nobleza escocesa a su voluntad. Su primer objetivo era derrotar a los partidarios de John

Comyn. Mientras las cortes inglesas estaban envueltas en una lucha interna en el invierno entre 1307 y 1308, Bruce marchó al noreste hacia las tierras del norte de Comyn. Derrotó al Conde de Ross y capturó los castillos de Gran Glen. Ganó el control de Inverlochy, Urquhart e Inverness.

En 1308, Bruce viajó hacia el este, hacia los castillos Comyn de Banff, Balvenie y Duffus en Buchan. Atacó la isla Negra a pesar de estar peligrosamente enfermo. Derrotó con éxito a John Comyn, el tercer conde de Buchan (primo de John III Comyn, principal oponente de Bruce asesinado por este último en Greyfriars), en la batalla de Inverurie en mayo. Los hombres de Bruce también derrotaron a la guarnición inglesa en Aberdeen. Para asegurarse de que la familia Comyn fuera completamente derrotada, ordenó el Ataque de Buchan en 1308. Buchan era el centro agrícola del norte de Escocia y un bastión de los Comyn (el apoyo a la familia era fuerte incluso después de que Comyn fuera derrotado). Bruce hizo que se quemaran grandes extensiones de tierra de cultivo, se matara el ganado y se asesinara a los partidarios de Comyn. Los castillos de los Comyn en Moray, Aberdeen y Buchan fueron arruinados.

Durante el otoño de 1308, Bruce puso sus ojos en el clan MacDougall en Argyll, aliados desde hace tiempo de los Comyn en el suroeste. Después de reclamar el castillo de Dunstaffnage en la batalla del Paso de Brander, Bruce había logrado eliminar el ejército de MacDougall y derrotar el último gran bastión de los Comyn. Después de controlar el norte y el suroeste de Escocia durante un siglo y medio, la familia Comyn fue eliminada. Bruce asumió el control de todo el norte de Escocia en marzo de 1309[li].

Envalentonado por sus victorias domésticas, Bruce convocó su primer parlamento en St. Andrews ese mes. Su posición como rey de Escocia fue apoyada por los nobles restantes y por una carta de Felipe de Francia. Un año después, los obispos escoceses reconocieron su reclamo al trono (a pesar de su excomunión de la Iglesia católica) en la Declaración del Clero - un documento que lo absolvió de los pecados de su pasado. A pesar del interdicto del papa (que suspendió todas las actividades de la Iglesia en Escocia tras la excomunión de Bruce), los obispos escoceses siguieron siendo sus firmes partidarios. Él era, después de todo, su única esperanza para la existencia separada y la legitimidad de la Iglesia escocesa (la derrota de Bruce significaría interferencias interminables de la Iglesia inglesa)[lii].

En 1310, Bruce ya no tenía que enfrentarse a oponentes en su tierra natal. Dirigió su mirada hacia el sur, a las Tierras Bajas que se encontraban al sur del río Tay - territorio escocés que aún estaba bajo control inglés.

Capítulo 7 – La Batalla de Bannockburn

Después de fracasar en negociar una tregua con Eduardo II, Bruce comenzó a recuperar por la fuerza los castillos escoceses y los importantes puestos de avanzada ocupados por los ingleses en las Tierras Bajas. Linlithgow fue reclamado en 1310, Dumbarton en 1311 y Perth fue ganado por el propio Bruce en enero de 1312[liii]. A pesar de haber sido pisoteado por el código de honor y las tácticas militares de un caballero feudal, Bruce consiguió ser un guerrillero tan efectivo (o más) que Wallace. Bruce incluso extendió sus excursiones militares al norte de Inglaterra, capturando el Castillo Rushen en Castletown y ocupando toda la isla de Man, una isla de significativa importancia estratégica para los ingleses.

Mientras Bruce seguía acosando a las tropas inglesas y a las ciudades del norte de Inglaterra, su hermano Eduardo Bruce rodeó el Castillo de Stirling. Por esta época, era la última fortaleza clave que aún permanecía bajo control inglés. Su gobernador, Philip de Mowbray, detuvo a los atacantes escoceses, pero aceptó rendirse si los refuerzos de Eduardo II no llegaban antes del verano de 1314. Eduardo II recibió la noticia en mayo y se apresuró a ir a la fortificación clave de Berwick. Su fuerza - que consistía en aproximadamente 3.000 caballeros y 13.000 soldados de infantería (incluyendo un contingente de arqueros galeses) - llegó a la parte sur de Stirling al mes siguiente. Este fue el ejército inglés más grande que jamás haya invadido Escocia. (Eduardo II había convocado 25.000 soldados de Inglaterra, Irlanda y Gales, pero solo la mitad de ellos se presentaron al servicio).

La fuerza de Roberto Bruce ya había llegado, lista para compensar sus números mucho más pequeños (7.000 de infantería y unos pocos cientos de caballería). La mayoría de los lacayos de Bruce estaban armados con picas[liv], una larga lanza que consistía en un pesado fuste de madera (entre 3 y 6 metros de largo) y una punta de acero en forma de hoja. Eran liderados por el rey, su hermano Edward, y su sobrino Sir Thomas Randolph, I Conde de Moray)[lv]. Cada líder estaba al mando de una sola división de schiltrons. Ocho años de victoriosas batallas de guerrilla contra los ingleses y sus oponentes escoceses habían convertido a los hombres de Bruce en una fuerza de combate experimentada y dura.

Bruce reunió a sus hombres en el New Park, un dominio de caza real que se encontraba entre 1,6 y 3,2 km al sur de Stirling. Su estrategia fue utilizar las formaciones de árboles allí para canalizar el ejército inglés directamente hacia sus lacayos fuertemente armados y las recientemente excavadas zanjas anti-caballería. Cuando el ejército inglés llegó el 23 de junio, sus trampas estaban listas. El camino a Stirling fue bloqueado por el ejército escocés, lo que llevó a los ingleses a enfrentarse a los escoceses en un terreno desventajoso.

El 23 de junio, Eduardo II envió dos grupos de exploradores diferentes para estudiar la zona antes de que su fuerza principal avanzara más. El grupo liderado por Humphrey de Bohun, IV Conde de Hereford se encontró con el propio Bruce, mientras inspeccionaba la fuerza y el número de las tropas inglesas. Un caballero inglés llamado Henry de Bohun atacó directamente a Bruce. (Si lograba matar o capturar a Bruce, recibiría toda una vida de elogios como héroe de guerra). Después de esquivar rápidamente la lanza de Bohun, Bruce lo mató de un solo golpe con sus hachas de batalla (en la parte posterior de la cabeza). Hereford se vio obligado por los partidarios de Bruce a retroceder hacia el campamento inglés. Mientras tanto, el Conde de Moray y su schiltron luchaban contra el resto de las fuerzas inglesas que avanzaban. Dos de los experimentados comandantes de Eduardo II, Sir Henry Beaumont y Sir Robert de Clifford, fueron forzados a retirarse después de una violenta confrontación. Sin los arqueros galeses, los caballeros ingleses no estaban preparados para enfrentarse a la formidable espesura de las lanzas escocesas. Sus espadas y mazas eran inútiles contra el lento avance de los schiltrons, los cuales los obligaban finalmente a huir. (Este uso ofensivo de los schiltrons era una nueva táctica; Wallace solo los había usado como una forma de defensa estática).

Así, los escoceses salieron victoriosos en el primer día de la batalla de Bannockburn. Eduardo II decidió reubicar su ejército más cerca de las orillas del Bannockburn esa noche (por temor a que Bruce los atacara en la noche). Esta fue una decisión poco útil, ya que sus hombres no podían dormir bien en los terrenos húmedos y pantanosos.

A la mañana siguiente, el ejército escocés asumió su formación de batalla planeada contra una fuerza inglesa desorganizada y privada de sueño. Aun así, los ingleses esperaban repetir la derrota de Wallace en la batalla de Falkirk. En una confrontación directa a gran escala, los arqueros galeses podrían enfrentarse a los schiltrons escoceses en una barrida limpia. Para deleite de Eduardo II, Bruce decidió arriesgarlo todo y enfrentarse a los ingleses en una batalla abierta. Esta no fue una decisión imprudente. En este momento crítico, un noble escocés del ejército inglés había cambiado de lado y trajo informaciones cruciales a Bruce. Sir Alexander Seton informó que los ingleses estaban sufriendo de baja moral. También reveló su posición confinada.

Aunque las circunstancias fueran fortuitas, el ejército escocés seguía corriendo un grave riesgo. Para estar seguro, Bruce había planeado una retirada estratégica si el resultado de la batalla no fuera a su favor. El juicio de Dios se consideraba un factor crítico en tales batallas medievales (por eso la decisión del clero escocés de perdonar las transgresiones de Bruce era tan importante). En el corazón de uno de los schiltrons escoceses, Bernardo de Linton, abad de Arbroath, se aferró con fuerza a un antiguo talismán: el Breccbennach (contenía las reliquias de Columba de Iona). Bruce despertó a sus hombres con un inspirador discurso que hacía referencia a San Andrés, Juan el Bautista y Tomás Becket.

Antes de que los ingleses se enfrentaran a la batalla, los escoceses celebraron una misa en el campo de batalla. El abad Maurice de Inchafrrey condujo a los escoceses en el culto religioso, mientras todos se arrodillaban en oración. Al ser testigo de esto, Eduardo II supuestamente dijo "La gente se arrodilla para pedir misericordia". Sir Ingram de Umfraville, un partidario de Balliol que luchaba por los ingleses, le tradujo la esencia de la oración: "Piden misericordia, pero no de ti. Piden a Dios misericordia por sus pecados. Te diré algo que es un hecho, que los hombres ganarán todo o morirán. Ninguno huirá por miedo a la muerte". Eduardo II no se dejó intimidar. "Que así sea", respondió"[lvi].

Bruce había elegido su campo de batalla sabiamente: el terreno pantanoso dificultaba el avance de la caballería inglesa o el lanzamiento de contraataques efectivos. Después de un breve duelo de arquería, los schiltrons escoceses comenzaron a avanzar rápidamente para neutralizar la ventaja mortal de los arqueros galeses en el combate a larga distancia. Las tres formidables formaciones se acercaron a los ingleses. El schiltron de Eduardo Bruce atacó a la vanguardia inglesa, matando a Sir Robert de Clifford y al Conde de Gloucester. Mientras tanto, el schiltron de Randolph avanzó hacia el flanco izquierdo del ejército inglés. Los arqueros ingleses ocasionalmente encontraron una posición efectiva para abrir fuego contra los escoceses, pero la caballería escocesa pronto los atacó y los obligó a retirarse del campo. Algunos de ellos fueron incluso contra efectivos; sus flechas aterrizaron en las espaldas del ejército inglés. A medida que los ingleses se retiraban lentamente, las zanjas que los hombres de Bruce habían cavado se convirtieron en trampas para muchos caballeros ingleses. Una vez caídos, los caballeros ingleses y sus caballos no pudieron escapar.

Un enfrentamiento a vida o muerte entre espadas inglesas y lanzas escocesas tuvo lugar en el corazón del campo de batalla. El resultado final dependía del resultado de este intenso combate mano a mano. Bruce y su schiltron avanzaron en este combate crucial, trayendo a la refriega a los guerreros gaélicos de las Tierras Altas e Islas. Su presencia inclinó la balanza lenta y seguramente. Cuando los ingleses comenzaron a retroceder, los escoceses gritaron "¡Sobre ellos! ¡Sobre ellos! ¡Están derrotados!"

Cuando los ingleses fueron expulsados por un último y fuerte empujón de los soldados escoceses y se disolvieron en un desorden, Eduardo II fue escoltado a regañadientes. Cuando el estandarte real huyó del campo de batalla, los soldados ingleses comenzaron a entrar en pánico. Los schiltrons escoceses avanzaron sobre el desordenado ejército inglés, masacrando a los ingleses mientras estos intentaban escapar. Cientos de hombres y caballos ingleses sofocaron en la hoguera mientras intentaban desesperadamente escapar de los despiadados escoceses.

El propio Eduardo II escapó por poco a Dunbar, donde hizo una salida segura a Inglaterra en barco. Sir James Douglas (también conocido como Douglas el Negro) había perseguido a Eduardo II y a su guardia real de 500 caballeros hasta Dunbar. Si hubiera sido capturado, esto habría obligado a los ingleses a concederle a Bruce todas sus demandas al instante. Eduardo II tuvo suerte, pero muchos de sus hombres fueron condenados. Para cuando la batalla terminó, miles de lacayos habían muerto. Cien caballeros y un conde habían caído. El Conde de Pembroke y su infantería galesa se retiraron con éxito a Carlisle, pero el Conde de Hereford y varios otros caballeros fueron perseguidos y capturados mientras huían hacia el sur. (Los escoceses informaron - quizás incorrectamente - que solo habían perdido dos caballeros y unos pocos cientos de soldados de infantería).

Sin la captura o la muerte de Eduardo II, los ingleses aún podrían continuar su guerra contra Bruce. Sin embargo, los escoceses habían emergido con la mayor victoria contra los ingleses durante la Edad Media. Bruce y sus comandantes también se habían ganado un lugar en la historia militar. La batalla de Bannockburn[lvii] y la batalla de Courtrai[lviii] (también conocida como la batalla de las Espuelas de Oro) en 1302 fue atribuida eventualmente a la introducción de una nueva forma de guerra europea, en la que la infantería era el jugador crítico en el campo de batalla (en lugar de la caballería). Con el Castillo de Stirling bajo su control, Bruce había adquirido el control militar completo de Escocia. Ahora podía dirigir su atención hacia el norte de Inglaterra. (Wallace había estado en una similar posición después de la batalla en el Puente de Stirling).

Bruce también tenía más victorias personales a venir. Ahora que había consolidado su reinado, los partidarios incondicionales de Balliol fueron finalmente motivados a cambiar de lado. Para obtener la libertad de los nobles ingleses que habían sido capturados, Eduardo II se vio obligado a liberar a algunos prisioneros políticos muy importantes: La esposa de Bruce, Isabel de Burgh, su hija Marjorie, y el Obispo de Wishart. Mientras tanto, los soldados escoceses se llevaron todas las riquezas, armas y provisiones que los ingleses habían sido forzados a dejar atrás.

Capítulo 8 – Un Rey Digno

Los logros militares de Bruce pueden haber rivalizado - e incluso eclipsado - a los de Wallace después de la batalla de Bannockburn, pero todavía tenía mucha inseguridad sobre su propia reputación. Bruce no solo pretendía reclamar el trono de Escocia a través de sus proezas militares, sino también en términos simbólicos. Su sacrílego asesinato de John Comyn tenía que ser presentado como la matanza legítima de un despreciable traidor. También quería fortalecer la argumentación de que los Bruce eran los legítimos herederos del trono escocés, y no Juan de Balliol. Cualquier interpretación de sus acciones como las de un ambicioso oportunista debía ser apagada.

No había duda de la capacidad de Bruce para defender a Escocia de nuevas invasiones inglesas después de la batalla de Bannockburn. Entre 1315 y 1320, Bruce derrotó todos los intentos que Eduardo II hizo. Cada invasión terminó en una humillante derrota y un fuerte aumento de los fondos ingleses reunidos con el propósito de conquistar Escocia. Entre 1315 y 1318, Bruce dirigió todos los años a sus comandantes para asaltar con éxito las ciudades y pueblos del norte de Inglaterra.

Los intentos de Bruce de atacar a Inglaterra desde un segundo frente en Irlanda en 1315 resultaron ser finalmente mucho menos exitosos. Sus intenciones eran obligar a los ingleses a dividir sus recursos militares entre Irlanda y Escocia. Bruce trató de justificar su invasión de Irlanda - que fue dirigida por su hermano Eduardo - como un esfuerzo justo que liberaría a los irlandeses del dominio inglés. Su campaña de propaganda para las guerras irlandesas incluía una visión compartida de una alianza pan-gaélica y un énfasis en la ascendencia nacional compartida de Escocia e Irlanda.

Los historiadores modernos han descrito con rigor la campaña de Bruce para Irlanda como "el Vietnam de Escocia". Después de que Eduardo Bruce organizara una invasión de 300 barcos al Úlster, fue coronado como Alto Rey de Irlanda en 1316. Los historiadores han sugerido que Bruce pudo haber querido a su ambicioso hermano en esta posición para no usurparla. También está el poder estratégico de ganar el control de la ruta marítima a Carlisle.

Algunos líderes irlandeses apoyaban esta lógica diplomática y estaban dispuestos a reunirse con Escocia contra su enemigo común. Por otro lado, muchos irlandeses vieron poca diferencia entre la invasión inglesa y la escocesa. La campaña irlandesa fue inicialmente exitosa, estando Eduardo Bruce en posición de ganar el control de Dublín hacia 1316. Sin embargo, ordenó a sus tropas que se dirigieran a Limerick, donde se enfrentaron a graves problemas para recibir sus suministros. Eduardo Bruce murió finalmente durante un asalto mal planificado contra nobles irlandeses antagónicos en la batalla de Faughart en octubre de 1318[lix].

Se informó que su cuerpo fue cortado en cuatro pedazos y dispersado por las cuatro esquinas de Irlanda como una advertencia a los escoceses. Su cabeza fue preservada en sal en un ataúd y enviada a su hermano. Bruce se vio obligado a abandonar su elevada visión de una "Gran Escocia Pan-Gaélica" y culpó a su hermano del fracaso de sus esfuerzos en Irlanda.

En 1318, Bruce alcanzó un punto culminante en sus esfuerzos para obligar a Eduardo II a aceptar la independencia de Escocia volviendo a capturar Berwick. Después de Bannockburn, los líderes ingleses carecían de la unidad necesaria para sofocar con éxito la sed de libertad de Escocia. Cuando Eduardo II regresó a su corte, fue forzado a una posición subordinada por su primo Thomas Plantagenet de Lancaster. Lancaster aprovechó los fracasos militares de Eduardo II para convertirse en el hombre más poderoso de Inglaterra en 1315. Pero al final no fue el líder competente que los ingleses necesitaban desesperadamente durante este período turbulento. En tres años, un grupo de barones moderados liderados por Aymer de Valence tuvo que servir como mediadores entre Eduardo II y Lancaster. Una vez más, las costosas luchas internas podían ser rastreadas hasta los favoritos reales de Eduardo II. Hugo Despenser y su hijo se habían congraciado con los afectos del rey. La historia se repitió en más de un sentido cuando Lancaster exilió a ambos Despenser (después de que Eduardo apoyara desacertadamente las ambiciones del hijo de los Despenser de adquirir títulos de tierra en Gales).

Dadas estas condiciones, no es sorprendente que Eduardo II no pudiera reclamar Berwick cuando la sitió en 1319. Liderado por Thomas Randolph[lx] y James Douglas[lxi], el ejército escocés lanzaba desastrosas incursiones en Yorkshire al mismo tiempo. Esto le obligó a retirarse. Con el tiempo, sin embargo, Eduardo II logró triunfar sobre su némesis baronal. Lancaster fue derrotado y capturado en Boroughbridge, Yorkshire, en marzo de 1322 y fue ejecutado sumariamente.

Al final, Bruce llegó a la conclusión de que no podría asegurar la independencia de Escocia en el campo de batalla. En cambio, el formidable líder de la guerrilla se volvió hacia la diplomacia, revirtiendo su excomunión de la Iglesia católica romana. Con la ayuda del clero escocés, escribió y envió una carta al papa Juan XXII en 1320[lxii]. La Declaración de Arbroath fue un documento histórico que: (1) esbozaba las razones por las que Escocia debía seguir siendo un reino independiente; (2) hacía intentos de racionalizar las acciones anteriores de Bruce; (3) demostraba que Bruce contaba con el apoyo unánime de la nobleza escocesa. Su declaración de misión está encapsulada en estas audaces declaraciones: "Nunca, bajo ninguna condición, seremos sometidos al señorío de los ingleses. En verdad, no es por la gloria ni por las riquezas, ni por los honores por lo que luchamos, sino por la libertad - por eso mismo, que ningún hombre honesto renuncia salvo con su propia vida". Hubo en realidad dos cartas más que fueron enviadas al papa desde Escocia (todas con la misma intención de asegurar la independencia de Escocia). Una fue enviada por el clero, y otra más por los nobles. La carta enviada por los nobles fue preservada; las otras dos se perdieron con el tiempo.

El papa Juan XXII finalmente suspendió la excomunión de Bruce en octubre de 1328. Fue finalmente el liderazgo desesperadamente incompetente de Eduardo, sin embargo, que finalmente permitió a Bruce terminar la primera guerra de independencia escocesa. Hacia 1325, el favoritismo de Eduardo II por los Despenser había alejado a otra poderosa figura de su corte: su esposa Isabel, reina de Inglaterra. Al igual que Gaveston, los Despenser se habían ganado la ira de los barones por convertirse rápidamente en inseparables de Eduardo II y acumular enormes riquezas en el proceso. Como Gaveston, su insaciable avaricia se vio agravada por la intolerancia y la arrogancia.

Como muchos barones, Isabel estaba descontenta con la forma en que su marido trataba a la nobleza inglesa. Ella misma estaba desencantada por cómo sus propias propiedades inglesas habían sido confiscadas por los Despenser. Isabel había intentado negociar la paz entre su marido y los barones antes y después del asesinato de Gaveston en 1312; los Despenser fueron la gota que desbordó el vaso. En 1325, Isabel volvió a casa en Francia en una misión diplomática. Intervino con éxito en una disputa entre su hermano, Carlos IV de Francia[lxiii], y Eduardo II sobre las posesiones de tierras de este último en Francia (Guyena, Ponthieu y Gascuña). Las tierras fueron aseguradas para Inglaterra, siempre que Eduardo II rindiera homenaje a Carlos IV.

Durante su estancia en París, Isabel se convirtió en la amante de Roger Mortimer y anunció que no volvería a Inglaterra hasta que los

Despenser fueran retirados de la corte[lxiv]. Mortimer era un barón inglés que había sido exiliado por su oposición a los Despenser. En septiembre del año siguiente, Isabel y Mortimer invadieron Inglaterra, ordenaron la ejecución de los Despenser y depusieron a Eduardo. Isabel coronó a su hijo Eduardo III[lxv] en su lugar en el primer mes de 1327. Mientras tanto, Eduardo II fue encarcelado hasta su (posiblemente violenta) muerte en septiembre de ese año. (No obstante, hay pruebas históricas recientes que sugieren que su muerte en 1327 fue simulada - y que posiblemente sobrevivió hasta 1330).

Siendo apenas un niño, Eduardo III estaba en una posición muy precaria como nuevo rey de Inglaterra. Bruce aprovechó al máximo la vulnerable posición del recién coronado rey ordenando a sus tropas que invadieran Inglaterra. Presionados por la perspectiva no deseada de luchar contra el ejército escocés y por la posibilidad de una guerra civil con los nobles ingleses rebeldes, Isabel y Mortimer ofrecieron a Bruce una tregua. En 1328, firmaron el duramente conquistado Tratado de Edimburgo-Northampton[lxvi]. Después de años de lucha, Bruce había logrado todo lo que había soñado. La tregua establecía que: (1) Eduardo III renunciaba a todas las pretensiones de ejercer un dominio excesivo sobre el reino de Escocia; (2) la paz entre Inglaterra y Escocia se conseguiría mediante un matrimonio concertado entre el hijo de Bruce, David, y la hermana de Eduardo III, Juana de Inglaterra, también conocida como Juana de la Torre; y (3) Inglaterra reconocía oficialmente la independencia de Escocia y la legítima posición de Bruce como rey de los escoceses.

Capítulo 9 – Dónde Está Tu Corazón

El hijo de Bruce, David, tenía solo cuatro años cuando se comprometió con Juana. Su nacimiento en 1324 había sido crucial para la paz y la prosperidad de Escocia. (Si Bruce hubiera muerto sin un heredero, otra costosa batalla por la sucesión habría sido desastrosa). Cuando Bruce consiguió la independencia de Escocia, era viejo y tenía mala salud. Aparte de todos sus esfuerzos en el campo de batalla, había estado sufriendo una enfermedad sin diagnóstico - muy probablemente lepra - durante mucho tiempo. Un año después de que firmara el Tratado de Edimburgo-Northampton con Isabel y Mortimer, Roberto Bruce murió en Cardross, Dumbartonshire.

La Escocia que dejó atrás estaba en un estado bastante estable, lo que le valió a Bruce el apodo de "Buen Rey Roberto". En 1314, su parlamento había decretado que todos los nobles escoceses que aún estaban aliados con Inglaterra debían renunciar a sus tierras. Las tierras confiscadas fueron entonces reotorgadas a los partidarios de Bruce a través de varias cartas. Esto permitió que algunos de los principales partidarios de Bruce, como Sir James Douglas, que fue nombrado caballero por sus contribuciones en la batalla de

Bannockburn, adquirieran relevancia. Douglas fue recompensado con grandes extensiones de tierra en los condados de Selkirk y Roxburgo, lo que consolidaría el poder de la familia Douglas en la región durante años. Bruce también había logrado resucitar la administración escocesa, que había sido en su mayor parte disfuncional desde 1296. Cuando murió, el sistema de auditorías fiscales estaba funcionando de nuevo.

El último deseo de Bruce también se cumplió. Su cuerpo fue enterrado en la Abadía de Dunfermline, el tradicional lugar de descanso final de los reyes escoceses. En su lecho de muerte, Bruce había instruido a sus caballeros para que llevaran su corazón a una cruzada (había hecho un voto para participar en una cruzada, lo que no se cumplió debido a su mala salud). Sir James Douglas y sus caballeros obedecieron sus órdenes y lo llevaron a una cruzada en España. Douglas murió durante una batalla con los moros, pero el corazón de Bruce se recuperó y fue llevado a Escocia para ser enterrado en el lugar elegido por Bruce: la Abadía de Melrose. Como Wallace, las legendarias hazañas de Bruce vivirían para tocar los corazones y las almas de las nuevas generaciones de escoceses a través de un poema épico. John Barbour[lxvii] inmortalizaría sus contribuciones en el poema del siglo XIV The Bruce - la primera gran obra de la literatura escocesa. Barbour se esforzó por la exactitud histórica en su arte, y llegó a entrevistar a los hombres que habían luchado en la batalla de Bannockburn para captar las realidades de la victoria militar de Bruce.

En 1921, los arqueólogos descubrieron un ataúd con forma de cono que contenía un corazón mientras excavaban la Abadía de Melrose[lxviii]. Sin embargo, no hay pruebas definitivas de que este ataúd en particular perteneciera a Bruce, ya que el enterramiento del corazón era una práctica común entre la realeza y los aristócratas escoceses. El ataúd y el corazón momificado se colocaron en un contenedor de plomo y se volvieron a enterrar, y luego fueron descubiertos por otro grupo de arqueólogos 75 años más tarde.

Después de haber sido guardado en Edimburgo para su custodia durante dos años, se volvió a enterrar en la Abadía de Melrose (una piedra marcadora señala el lugar exacto). Donald Dewar, Secretario de Estado para Escocia, observó que la incertidumbre de los orígenes del corazón solo se sumaba al romance: "Hay una fuerte y apropiada presunción de que este es el corazón. Pero en cierto sentido no importa. El ataúd y el corazón son símbolos del hombre". El simple marcador de arenisca escocesa sobre el lugar de descanso final de Bruce lleva un corazón, un salero y una inscripción de The Bruce: "A noble hart may have nane ease. Gif freedom failye" (Un corazón noble no puede estar en paz si le falta la libertad).

Capítulo 10 – El hijo de los Bruce y la Segunda Guerra de Independencia

Después del Tratado de Edimburgo-Northampton de 1328, Escocia comenzó la década de 1330 en una posición bastante buena. Casi tres décadas de guerra civil y de guerra contra Inglaterra habían debilitado gravemente los recursos y la moral del país. Sin embargo, Roberto Bruce había, por el momento, asegurado un final pacífico al deseo inglés de conquistar Escocia. Al morirse el 7 de junio de 1329, Bruce dejó un hijo de cuatro años: David II.

David II fue coronado rey de Escocia el 24 de noviembre de 1329[lxxvi], y la tutela fue asumida por Thomas Randolph, que era entonces Conde de Moray.

En Inglaterra, Eduardo III estaba decidido a vengar la humillación sufrida por parte de los escoceses. A pesar de haber firmado el Tratado de Edimburgo-Northampton, Eduardo III no era el mismo hombre que su padre. Aunque era joven, tenía una naturaleza igualmente ambiciosa que la de su abuelo, Eduardo I. Eduardo no había actuado por iniciativa propia, sino que había sido presionado por Roger Mortimer, su regente, así como por su madre, Isabel de Francia.

La "Paz de Northampton", apodada por los ingleses como "La paz vergonzosa" no había tomado en cuenta las reparaciones a un grupo de nobles que poseían tierras y propiedades tanto en Inglaterra como en Escocia. Sus propiedades y títulos habían sido entregados a los aliados de Bruce, un acto que aún le caía mal a la nobleza inglesa y a Eduardo III.

La tesorería de Inglaterra se había agotado después de las guerras contra Escocia, y el indignado pueblo inglés y su rey no estaban en posición de intentar ninguna otra acción contra Escocia por sí mismos.

En 1330, el año siguiente a la coronación de David II, se produjeron dos acontecimientos que resultaron ser importantes tanto para Eduardo III como para el futuro de Escocia. Eduardo III mandó ejecutar a su regente Roger Mortimer, retomando así el control total sobre su corona y su país. En segundo lugar, Eduardo Balliol hizo un apelo al ahora desenfrenado rey inglés.

El anterior rey de Escocia, Juan de Balliol, que tras la invasión inglesa de Escocia en 1296 se vio obligado a abdicar de su trono, había dejado un hijo: Eduardo de Balliol. Eduardo de Balliol se acercó al rey de Inglaterra, deseando la devolución de las tierras ancestrales que él reclamaba como suyas por derecho. Antes del fin de año, Eduardo III envió demandas al joven regente del rey David II, Thomas Randolph. Randolph retrasó su respuesta, a pesar de que Eduardo III presionó con una segunda petición el 22 de abril de 1332. Mientras tanto, Balliol y sus seguidores comenzaron a prepararse para una invasión a Escocia.

La batalla de Dupplin Moor sería la escaramuza inicial de lo que se conocería como la segunda guerra de independencia escocesa. La batalla fue un importante comienzo de la guerra, que fue ganada por Eduardo Balliol y el comandante Henry de Beaumont. Para eludir los términos del Tratado de Northampton, los rebeldes escoceses y sus aliados ingleses navegaron desde varios puertos de Yorkshire hasta el Kinghorn en Fife el 31 de julio de 1332[lxxvii]. Los términos del Tratado no permitían a las fuerzas inglesas cruzar el río Tweed.

Desde el Kinghorn, finalmente marcharon a Perth. El 10 de agosto, el ejército estaba acampando en Forteviot, a pocos kilómetros de la fuerza mucho más importante liderada por Donald el Conde de Mar, que estaba posicionada en las alturas de Dupplin Moor. Una segunda fuerza escocesa liderada por Patrick, Conde de Dunbar, se acercaba rápidamente al ejército de Balliol por la retaguardia. La situación no animaba al pequeño ejército, y la moral del campamento de Balliol empezó a decaer.

Henry de Beaumont, el comandante del ejército de Balliol, fue acusado por los otros señores desheredados, alegando que los había traicionado a través de falsas promesas de apoyo escocés a Balliol una vez que habían entrado en Escocia. Beaumont, de lejos el soldado más experimentado de ambos lados, reaccionó con fría precisión, ordenando a sus tropas que se arriesgaran a cruzar el río Earn por la noche y lanzar un ataque sorpresa contra el enemigo antes de que pudieran unirse a la segunda fuerza que se acercaba.

Demasiado seguro de su fuerza superior, Donald el Conde de Mar ordenó a su ejército que se detuviera y acampara en la noche del 10 de agosto, sin preocuparse de montar guardia. A medianoche, bajo la cobertura de la oscuridad y sin la presencia de un guardia del ejército contrario para dar la alarma, Beaumont movió la fuerza de Balliol a través del río Earn para tomar una posición defensiva en un terreno alto en la cabecera de un estrecho valle, flanqueando a Mar.

Con el rápido acercamiento de la principal fuerza escocesa, Beaumont sabía que el momento de actuar era ahora. El ejército formó una línea, con arqueros en cada flanco y hombres armados en el centro, como un cuarto de luna. Los escoceses, enojados porque su enemigo los había superado, atacaron al ejército defensivo inglés en desorganizados schiltrons, habiendo perdido su formación por causa del temerario ataque inglés. El ataque salvaje de Mar fue recibido con una lluvia de flechas, cayendo sobre los flancos escoceses. Los lacayos escoceses sin armadura, con cascos sin protección, estaban mal preparados para las ráfagas de flechas que caían de forma asesina, reduciendo sus filas rápidamente. La fuerza superior, sin embargo, fue capaz de atravesar la tormenta de flechas y encontrarse con el centro de la fuerza inglesa, donde los hombres de armas de Beaumont finalmente cedieron algo de terreno. Pero la incesante lluvia de flechas adelgazó los flancos del ejército atacante, obligándolos a avanzar hacia el centro para escapar de la lluvia mortal. La fuerza mayor perdió toda la capacidad de maniobra, y las filas medias del ejército fueron empujadas a las lanzas inglesas que los esperaban.

Los muertos escoceses quedaron apilados, ya que la batalla terminó con los ingleses rodeando a la masa de cuerpos. Las pérdidas de los escoceses fueron cuantiosas; el propio Mar fue asesinado al igual que varios otros miembros clave del ejército escocés. Se estima que entre dos y trece mil escoceses muertos contra las relativamente ligeras pérdidas inglesas habían marcado la primera batalla de la segunda guerra de independencia escocesa[lxxvii], y desde la batalla de Falkirk los escoceses no habían sentido una derrota tan terrible. La peor de todas las bajas fue la pérdida de confianza nacional que había crecido a través de las sucesivas victorias del rey Roberto Bruce.

El ejército de Dunbar estaba todavía en el campo, en número similar al de Mar antes de su derrota. Sin embargo, la confianza de las tropas de Balliol y Beaumont se disparó. El diezmo de las tropas de Mar se sintió a través del ejército que llegaba; Dunbar se mostró reacio a enfrentarse a la fuerza que había despachado tan minuciosamente una de igual tamaño que la suya. Los ingleses aprenderían de esta batalla con gran entusiasmo, y la formación adoptada por Balliol y Beaumont se convertiría en un orden de batalla estándar, que proporcionaría a Inglaterra muchas victorias futuras.

La victoria decisiva concedió un tiempo valioso a la invasión de Eduardo Balliol, dejándolo también bien situado en Escocia para reunir partidarios e incrementar sus filas. Balliol vio un apoyo particularmente fuerte de los residentes de Fife y Strathearn. Poco después de su victoria en Dunbar, Balliol fue coronado rey de los escoceses, un título que usó para ganar más apoyo mientras su ejército marchaba a través del país, estableciéndose finalmente en Roxburgo.

Mientras estaba en Roxburgo, con sus fuerzas aumentando debido a la difusión de la noticia de su victoria contra los "usurpadores" y su reivindicación del trono, Balliol ofreció su lealtad a Eduardo III, prometiendo apoyar todas las futuras batallas de Eduardo, así como ofreciendo casarse con la hermana de David II, un movimiento que legitimaría aún más su reclamo al trono y expandiría sus tierras y fortunas. Balliol dejó entonces Roxburgo, moviéndose a Annan, que sería el lugar de la Camisade de Annan, una batalla entre los partidarios de Balliol y las tropas leales de David II, lideradas por Sir Archibald Douglas y John Randolph, 3er Conde de Moray. Balliol perdería esta batalla contra los lealistas de Bruce, pero logró escapar, huyendo de Escocia para regresar a Eduardo en Inglaterra[lxxvi].

Mientras tanto, la propia resistencia de David II se había visto sumida en el caos por la muerte de Thomas Randolph, su regente. Thomas había sido un compañero constante de Roberto Bruce en sus últimos años y se hizo cargo de la gestión de la casa de Bruce. Roberto había decretado antes de su muerte que Randolph serviría como regente de David, un papel que desempeñó sabiamente y con honor antes de su desafortunada muerte en Musselburgh. Randolph había estado en camino de enfrentarse a Eduardo Balliol y sus partidarios cuando murió, muchos creyeron que fue resultado del veneno inglés, pero el culpable más probable es una piedra en el riñón.

Eduardo III invade

Una vez que regresó a Inglaterra, Eduardo de Balliol volvió a ofrecer su lealtad y homenaje a Eduardo III, solicitando su ayuda en la campaña combinada contra Escocia.

Balliol regresó a Escocia en marzo de 1333 para sitiar Berwick-upon-Tweed. Berwick-upon-Tweed ocupaba una posición estratégica en la frontera entre Escocia e Inglaterra, siendo la principal ruta tanto para la invasión como para el comercio. La ciudad tuvo un pasado tumultuoso, habiendo sido saqueada por Eduardo I en 1296, una de las primeras acciones que marcó el comienzo de la primera guerra de independencia escocesa. La justificación de Eduardo III de las acciones militares contra Berwick-upon-Tweed y la violación del Tratado de Northampton estaban basadas en sus afirmaciones de que Escocia se estaba preparando para la guerra, siendo su incursión una respuesta a las amenazas del norte.

Balliol cruzó la frontera primero con sus desheredados señores escoceses el 10 de marzo, acompañado por algunos magnates ingleses. Eduardo había invertido fuertemente en los nobles que acompañaban la campaña, proporcionando subvenciones de más de 1.000 libras a los ingleses y una cantidad similar a Balliol y sus nobles escoceses. El ejército de Balliol llegó a Berwick a finales de marzo e inmediatamente se movió para rodear la ciudad y cortar toda ayuda por tierra, mientras que la marina de Eduardo ya había hecho lo mismo por mar.

Eduardo mismo llegó a Berwick con el grueso del ejército inglés el 9 de mayo, unas seis semanas después de que Balliol llegara y sitiara la ciudad. Balliol no había estado ocioso, desatando una política de tierra quemada sobre las tierras circundantes, asegurando que había poco o ningún sustento en la región para reabastecer a la ciudad si se presentaba la oportunidad. El suministro de agua del pueblo ya había sido cortado, se habían cavado trincheras y se había hecho imposible toda comunicación con Berwick, mientras que Eduardo, acompañando a los artesanos, comenzó a trabajar en los motores de asedio necesarios para tomar el pueblo.

Un gran ejército escocés se reunió justo al norte de la frontera, bajo el liderazgo de Sir Archibald Douglas. Concentró su energía en aumentar las filas del ejército en lugar de utilizar las tropas que ya tenía, excepto para llevar a cabo una pequeña incursión en Cumberland. Desafortunadamente, estas incursiones tuvieron poco efecto en alejar a los ingleses de Berwick y en cambio proporcionaron a Eduardo una justificación para su campaña militar.

A finales de junio, con el pleno apoyo del ejército inglés, sus trabuquetes y catapultas, y también la marina de Eduardo, Berwick estaba cerca de caer. Con su guarnición agotada y la mitad de la ciudad destruida, el comandante Alexander Seton pidió una tregua. Eduardo aceptó la tregua con la condición de que Seton se rindiera antes del 11 de julio.

Douglas estaba ahora sin opciones, y el ejército que se había reunido al norte de la frontera se vio obligado a actuar. Douglas tenía aproximadamente trece mil soldados, un número significativamente más grande que los nueve mil de Eduardo. El último día de la tregua de Seton, el ejército entró en Inglaterra, marchando al puerto de Tweedmouth. El pequeño puerto había sido destruido, ya que fue un obstáculo para el gran ejército escocés, el cual estaba ansioso por proporcionar el alivio requerido por la tregua establecida por Eduardo.

Unos pocos cientos de caballerías escocesas se abrieron camino a través de las ruinas del viejo puente y luego forzar su marcha hacia Berwick. En sus mentes, y en las de la guarnición escocesa de Berwick, los términos de la tregua habían sido satisfechos. Eduardo argumentó que el alivio debía venir de Escocia, o más bien de la dirección de Escocia, mientras que los pocos cientos de caballerías escocesas habían entrado en Berwick desde el lado inglés. Después de mucha discusión, se acordó una nueva tregua para proveer suministros antes del 20 de julio.

Douglas sabía que una incursión contra Eduardo en su actual posición defensiva sería desastrosa, incluso con sus números superiores. Para atraer al ejército inglés a un terreno más favorable, Douglas dirigió al ejército escocés hacia el sur, hacia Bamburgo, amenazando con asediar la ciudad donde la reina de Eduardo residía actualmente. Sin embargo, Eduardo confiaba en las defensas de Bamburgo, y los escoceses no tuvieron tiempo de construir el tipo de maquinaria necesaria para abrir una brecha en la fortaleza. En su lugar, el ejército escocés arrasó los campos alrededor de la ciudad. Eduardo ignoró esto, posicionando su ejército en Halidon Hill, una posición altamente defensiva en una elevación de unos ciento ochenta metros (seiscientos pies).

Douglas, sin opciones, no tuvo más remedio que enfrentarse a Eduardo en base a su elección. Para enfrentarse al ejército inglés, los escoceses bajaron hasta el terreno pantanoso que cubría el área antes de Halidon Hill. Una vez sobre el terreno pantanoso aún tenían que subir la colina antes de llegar a las fuerzas inglesas. El viaje dejó a los lanceros escoceses vulnerables a las flechas inglesas durante un largo período de tiempo. Las bajas fueron cuantiosas, sin embargo, los sobrevivientes lograron llegar a la cima de la colina, subiendo hacia las lanzas inglesas que los esperaban. El ejército escocés se quebró, sufriendo miles de bajas, incluyendo al propio Douglas. Las bajas de Eduardo fueron contadas en solo catorce.

Al día siguiente la tregua de Berwick expiró, y la ciudad se rindió a los términos de Eduardo.

La pérdida de Douglas y de las tropas en Halidon Hill fue un tremendo golpe para los partidarios de David II. El rey escocés pronto sería exiliado a Francia, donde permanecería hasta 1341. Eduardo de Balliol fue coronado y rápidamente cumplió sus promesas a Eduardo III. Reconociendo la lealtad y el sometimiento a Eduardo III, Balliol entregó Berwick como una posesión inalienable de la "Corona Inglesa". Más tarde ese año, Balliol también cedió Roxburgo, Edimburgo, Peebles, Dumfries, Linlithgow y

Haddington[lxxvi], y aunque Eduardo no eliminó las leyes escocesas, sí reemplazó a los hombres a cargo por los suyos.

Mientras que David II fue destituido y Eduardo III se ocupó de los asuntos de su propio reino, Balliol estaba preocupado por los disturbios entre los nacionalistas escoceses y sus propios aliados[lxxvi]. Estos parecían abandonarlo, y sus enemigos solo crecían en número. Él se retiró a Berwick, logrando convencer a Eduardo III de que la situación estaba bajo control, aunque mientras tanto más y más de sus hombres desertaban para unirse a los leales a David II[lxxvii].

Las relaciones francesas e inglesas ya eran tensas, con Felipe VI de Francia ofreciendo refugio a David II. Se había firmado un pacto de defensa mutua entre Escocia y Francia en 1295, bajo el entonces rey Juan de Balliol, padre de Eduardo de Balliol. Después de una petición de ayuda de los nuevos co-regentes de David II, Felipe VI envió un embajador a Inglaterra para discutir los recientes acontecimientos entre Escocia e Inglaterra. Desafortunadamente, no se lograría mucho con los embajadores, quienes, al no poder avanzar con los desorganizados miembros de los partidarios leales de David II, solo lograron, sin querer, dar tiempo a Inglaterra para recuperar sus finanzas[lxxviii].

En marzo de 1335, habiendo perdido la confianza en la capacidad de Balliol para dominar a los nobles escoceses, Eduardo comenzó a reunir sus fuerzas. Escocia estaba consciente de la creciente movilización de las fuerzas inglesas y comenzó a prepararse en silencio. Eduardo levantó su mayor ejército hasta la fecha, con trece mil hombres, y su estrategia fue una invasión de Escocia en tres frentes. Balliol llevaría tropas hacia el oeste desde Berwick mientras Eduardo dirigía sus tropas hacia el norte desde Carlisle, y una fuerza naval cerca del río Clyde formaría el tercer frente de la invasión. Los ejércitos encontraron poca resistencia, se reunieron en Glasgow y finalmente se asentaron en el área de Perth.

En Francia, un ejército de seis mil soldados se reunió abiertamente para ayudar a las tropas escocesas. Eduardo fue informado de que estas tropas serían desplegadas si no se sometía al arbitraje de Francia y del papa. Aun así, Eduardo se negó.

Mientras tanto, a las fuerzas leales escocesas no les iba bien. Andrew de Murray acordó una tregua con Eduardo, que duraría desde octubre hasta Navidad. Sin embargo, Balliol y sus seguidores no estaban incluidos en los términos. Balliol, con el apoyo de David III Strathbogie, sitió el Castillo de Kildrummy. Murray envió tropas tras él, derrotando su fuerza y matando a Strathbogie. Balliol vería muchas más derrotas en los años venideros que le obligarían a depender cada vez más del rey inglés[lxxvii].

En mayo de 1336, Eduardo siguió adelante con sus planes de invasión a pesar de la amenaza de los franceses. Recibió informes sobre la acumulación de las fuerzas de Felipe, e intentó bloquear el puerto de llegada más probable, Aberdeen. Eduardo se movió desde Newcastle con una fuerza de cuatrocientos hombres, aumentando sus filas mientras marchaba sobre Lochindorb, terminando con los asedios escoceses y destruyendo todo lo que encontró antes de quemar Aberdeen hasta el suelo.

La embajada inglesa había estado intentando negociar con Felipe VI y David II, sin embargo, en agosto recibieron la última palabra de Felipe; su invasión de Inglaterra procedería. Los corsarios franceses atacaron la ciudad de Oxford, capturando también varios barcos reales[lxxvi]. Eduardo recibió la noticia de las acciones francesas en septiembre. Abandonó sus planes inmediatos en Escocia y regresó a Inglaterra. Sin embargo, llegó demasiado tarde para devolver el golpe a los barcos franceses. Recolectó fondos antes de regresar a Escocia, estableciéndose en la fortaleza del río Clyde para pasar el invierno, después de una serie de victorias y pérdidas. Escocia estaba bajo una gran presión, con las fuerzas inglesas y escocesas quemando los campos, cada una tratando de eliminar cualquier ventaja que la otra fuerza pudiera adquirir. La enfermedad y el hambre eran frecuentes entre la gente.

Los leales escoceses usaron las distracciones francesas a su favor, y a finales de marzo habían reclamado la mayor parte de Escocia al norte del río Forth y habían asestado serios golpes a las tierras de Eduardo de Balliol. Eduardo III se vio obligado a enfocarse en Francia, prometiendo volver a Escocia una vez que se hubieran ocupado de ellos. Mientras tanto, Francia también había continuado enviando suministros a Escocia para ayudar a los leales escoceses. Las fuerzas escocesas recién aprovisionadas pudieron avanzar más al sur y al norte de Inglaterra, arrasando Cumberland y obligando a Eduardo a dividir sus esfuerzos entre las amenazas francesas y escocesas.

El comienzo del invierno de 1338 fue visto como un punto de inflexión para los escoceses, y aunque las despiadadas acciones de Murray habían dejado tal devastación en sus propias tierras que miles de escoceses se quedaron sin medios para alimentarse, había terminado efectivamente con la posibilidad de que Eduardo III estableciera un señorío estable sobre el sur de Escocia[lxxviii].

El Regreso del Hijo de los Bruce

David II cumplió 18 años en el verano de 1341. Regresó a Escocia en junio de ese año, deseoso de rodearse de su gente y comenzar a establecer su propia autoridad. Desafortunadamente, David cometió muchos errores, enfureciendo a algunas figuras clave en la base del poder político de Escocia. Su autoridad fue socavada por William Douglas, y Robert Stewart intercambió las tierras que les había dado David[lxxix].

Las escaramuzas con los ingleses también continuaron bajo David, quien realizó varias incursiones en Inglaterra. En febrero de 1343 los ingleses y los franceses entraron en una tregua que incluía a Escocia y que debía durar hasta septiembre de 1346, aunque varias escaramuzas tuvieron lugar durante este período. Sin embargo, no fue hasta 1346 que las circunstancias cambiaron cuando Felipe VI apeló a David II para apoyarlo.

Eduardo II había logrado recientemente una dinámica victoria en el norte de Francia contra Felipe en la batalla de Crécy. Felipe instó a David a invadir Inglaterra para obligar a Eduardo a regresar y hacer frente a la amenaza del norte. David reunió una fuerza masiva en Perth, pero a los ingleses se les había dado tiempo suficiente para reunir una fuerza similar. El 17 de octubre de 1346, ambos ejércitos se reunieron cerca de Durham, para participar en lo que se conocería como la batalla de la Cruz de Neville. La batalla sería catastrófica para las fuerzas escocesas, con muchos de sus líderes muertos y el propio David II hecho prisionero.

David permanecería como prisionero de los ingleses hasta 1357, y la mayor parte de su sentencia transcurriría en la Torre de Londres[lxxix]. Con muchos de los líderes escoceses muertos o cautivos, el futuro se presentaba sombrío. Eduardo de Balliol no perdió tiempo y reunió combatientes con la intención de lanzar una excursión de vuelta a Escocia. Sin embargo, a pesar de que la campaña de Balliol devolvió algunas de las tierras del sur de Escocia a Eduardo III, la campaña en su conjunto tuvo poco éxito. La atención de Eduardo se había vuelto a Francia.

Durante los siguientes años, Eduardo intentaría usar a David y a su otro cautivo, Sir Archibald Douglas, para negociar términos favorables con Escocia. Eduardo parecía perder cualquier interés en asegurar los intereses de Balliol, sus negociaciones pedían a David que mantuviera a Escocia como feudo de Inglaterra, y nombraba a Eduardo III o a uno de sus hijos como sucesores al trono si David no producía un heredero[lxxix]. Los señores escoceses se negaron. En 1350 Eduardo había modificado su petición, pidiendo en su lugar un rescate de David II por 40.000 libras, el restablecimiento de los señores desheredados, y el acuerdo de David de nombrar al hijo de Eduardo como su sucesor en caso de que muriera sin hijos. Los escoceses parecían considerar la idea, pidiendo tiempo para más negociaciones. Al propio David II se le permitió regresar brevemente a Escocia para ayudar a concretar un acuerdo. Sin embargo, esta oferta también fracasaría, y David volvería a Inglaterra.

Pasarían años sin ningún acuerdo entre Eduardo y Escocia. En 1352 el parlamento se reunió para decidir el destino de David, y Escocia no encontró la perspectiva de la sumisión escocesa a los ingleses como un precio justo para el regreso de su rey.

Eduardo estaba todavía muy involucrado en los eventos en Francia, y en 1354 ofreció un simple rescate por el regreso de David, sin embargo, los escoceses también rechazaron esto. En 1355, con el apoyo francés, las fuerzas escocesas lanzaron una exitosa campaña contra Berwick, reclamando la ciudad. Esto resultaría un error, la represalia de Eduardo fue rápida y brutal, invadiendo Escocia en un episodio que se conocería como la Candelaria Quemada (Burnt Candlemas); una campaña militar centrada no en el combate de las fuerzas enemigas, sino simplemente en la destrucción de todo lo que se encontraba en el camino de guerra del ejército. Eduardo recapturó Berwick antes de pasar a saquear Haddington. Los ejércitos ingleses diezmaron la mayor parte de Lothian antes de quemar Edimburgo[lxxvii].

La segunda guerra de independencia escocesa terminaría con el Tratado de Berwick, en el que Escocia aceptaría pagar 100.000 merks a Inglaterra durante un período de diez años[lxxix]. Eduardo de Balliol, cansado y enfermo durante décadas de guerra y lucha y con poco que mostrar, rescindiría su reclamo por el trono escocés a cambio de una anualidad de (£) 2.000 libras esterlinas[lxxvi]. David II regresó a Escocia, para ocuparse del discurso político y de las rivalidades comunes en cualquier corte de la época.

La segunda guerra de independencia escocesa demostró más que ningún otro acontecimiento en los cien años anteriores la inutilidad de una lucha entre Inglaterra y Escocia. A pesar de las numerosas maniobras y batallas de la época, los dos países quedaron en última instancia en un punto muerto, con pocos beneficios para ambos bandos. Escocia conservó cierta apariencia de independencia e

Inglaterra mantuvo su reputación como figura destacada de las potencias europeas.

Conclusión

El deseo de muerte de Bruce (que su corazón fuera llevado a una cruzada religiosa) apunta a cómo su vida había pasado de una búsqueda personal de poder a una búsqueda más simbólica de una "causa escocesa" más grande, elevada y ambigua. Puede que la nobleza escocesa no haya sido coherente en su apoyo al derecho del reino escocés de mantener sus leyes y costumbres sin la influencia e interferencia de los ingleses, pero es evidente que el deseo de que el Reino de Escocia siguiera existiendo siempre impidió que los escoceses se sometieran sin más al señorío de Eduardo I.

El ascenso de William Wallace de ser un escudero desconocido a un líder de guerra y un Guardián de Escocia es un potente símbolo de cómo los escoceses de todas las clases sociales estaban dispuestos a arriesgarlo todo para oponerse a los intentos de conquista ingleses. Ciertamente vale la pena señalar que las ambiciones de Inglaterra de ejercer autoridad sobre su vecino del norte no terminaron con Eduardo I, su hijo o su nieto. Desde la década de 1290 hasta el reinado de Enrique IV en 1400, cada rey inglés lideró su propio y costoso intento de someter a los escoceses, y cada uno de estos intentos fracasó al final.

Eduardo III, a pesar de ser un hábil líder similar a su abuelo Eduardo I, aprendió mejor que la mayoría los costos que implica el intento de someter a los escoceses. Su propia vida estaba llena de resentimiento por las luchas contra los escoceses, su ambición de convertirse en señor de Escocia fue descartada con el Tratado de Berwick.

El fenómeno de la resistencia escocesa era, sin embargo, más complejo que un simple escenario de "nosotros contra ellos". La guerra civil entre los nobles escoceses y la guerra local en varias ciudades y condados formaba parte de la vida cotidiana durante la primera guerra de independencia de Escocia. Las batallas contra la absorción de Escocia por Inglaterra se libraron, no obstante, en nombre del rey Juan de Balliol, quién era comúnmente aceptado como el legítimo gobernante del reino.

El reclamo del trono por parte de Bruce en 1306, después del asesinato de John Comyn, fue por lo tanto una sorprendente desviación de las expectativas comunes. Su acción sacrílega y criminal impulsó a los partidarios escoceses de Juan de Balliol y Eduardo I a unirse para oponerse a él. El desafío de Bruce fue por lo tanto doble desde el principio. Tenía que mantener su propio terreno contra el ejército inglés en el campo de batalla y establecerse legítimamente como el gobernante de Escocia. Con el tiempo, Bruce demostró decisivamente su competencia militar al salir victorioso en la batalla de Bannockburn.

Sin embargo, el éxito militar por sí solo no fue suficiente para que Bruce pudiera montar una reivindicación indiscutible de sus derechos reales. Bruce necesitaba el peso simbólico que le proporcionaban documentos como la Declaración del Clero en 1309 y la Declaración de Arbroath en 1320 para apoyar su posición como el legítimo rey de Escocia. Bruce intentó desacreditar la reclamación de Balliol al trono avanzando el argumento de que un rey que se sometió a Inglaterra había perdido sus derechos. La propaganda de Bruce pretendía establecerse como el legítimo defensor del reino, el cual podía defender su libertad contra el formidable ejército inglés.

Dada su precaria situación, Bruce siempre fue paranoico sobre la posibilidad de ser socavado y desterrado. Los enemigos que había exiliado - principalmente Eduardo de Balliol[lxix] - aguardaban su momento, esperando la oportunidad de atacar. Bruce también tuvo que enfrentarse a los nobles y magnates escoceses que estaban fatigados por la constante guerra que Escocia tenía que soportar bajo el mando de Bruce. Pocos meses después de la Declaración de Arbroath, Bruce tuvo que enfrentarse a la infructuosa conspiración de 1320. Su objetivo era reemplazarlo por Balliol y establecer una tregua pacífica con Inglaterra. Bruce también estaba preocupado por la falta de un heredero adulto adecuado que pudiera ocupar su lugar. Para asegurar mejor que la nobleza escocesa apoyara la autoridad de la familia Bruce, promovió y mejoró cuidadosamente la posición de sus partidarios. Los magnates que se oponían a él encontraron sus tierras y títulos redistribuidos a los partidarios de Bruce, a quienes se les animó a cultivar una participación personal en la supervivencia de la línea real Bruce.

El Tratado de Edimburgo-Northampton surgió inicialmente para lograr todo por lo que Bruce había luchado. Los ingleses habían retirado sus reclamos de sobreseñanza. Escocia estaba finalmente en paz, y Bruce finalmente tenía un heredero varón para continuar su línea real duramente ganada. Sin embargo, solo tres años después de la muerte de Bruce, Escocia se encontraba una vez más en la confusión. En 1332, Eduardo de Balliol - el hijo del rey que la mayoría de los escoceses había aceptado antes de la inesperada campaña de Bruce por el trono - lideró una invasión a Escocia. Fue apoyado por un grupo de nobles ingleses cuyas tierras en Escocia habían sido tomadas y redistribuidas por Roberto Bruce. A pesar de su gran número, el ejército liderado por Donald, Conde de Mar y regente de David II[lxx] (que entonces tenía ocho años) fue derrotado en Dupplin Moor (cerca de Perth). Eduardo Balliol fue coronado rey en Scone. Una nueva guerra civil entre los partidarios de Balliol y los de Bruce se había desencadenado.

Viendo la oportunidad de restaurar el poderío de Inglaterra durante el reinado de su abuelo, Eduardo III denunció la paz que Isabel y Mortimer habían negociado con Robert Bruce en 1328 como "vergonzosa". A pesar de tener solo 14 años cuando fue fuertemente persuadido por su madre y Roger Mortimer para que lo firmara, estaba profundamente preocupado por el tratado. Poco después de su matrimonio con Felipa de Henao en York, estableció su independencia y su posición como gobernante de Inglaterra. En 1330, se infiltró en el castillo de Nottingham donde se celebró un consejo y tomó prisionero a Mortimer.

Mortimer fue ejecutado rápidamente. Como amante de Isabel, Mortimer había abusado de su posición como el hombre más poderoso de Inglaterra. Había adquirido los señoríos de Denbigh, Oswestry y Clun para sí mismo, y recibió señoríos adicionales de la reina. Su codicia, arrogancia y política impopular instigó una profunda hostilidad de los barones. Enrique de Lancaster ayudó así al joven rey a capturar a Mortimer, a condenarlo por sus crímenes y a colgarlo como traidor. Sus enormes propiedades fueron entonces confiscadas por la corona. Eduardo III respetó a su madre y la perdonó por su relación ilícita, pero no dudó en poner fin a su influencia política. Obligada a jubilarse, Isabel se unió a las clarisas, una orden de monjas, en sus últimos años.

Eduardo III aprovechó la joven edad de David II para ayudar a los barones escoceses exiliados a restaurar a Eduardo de Balliol al trono escocés. A cambio, Balliol reconocería el señorío de Eduardo III y ordenaría la cesión del sur de Southland. Esto le ganó a Balliol un amplio resentimiento por ser una marioneta de un rey inglés. En diciembre de 1332, una fuerza de resistencia escocesa liderada por Sir Archibald Douglas derrotó a Balliol en Annan, Dumfries. Con la ayuda de Eduardo III, Balliol fue capaz de derrotar y matar a Douglas durante un segundo enfrentamiento en Halidon (en las afueras de Berwick) en julio del año siguiente. Así consolidó una autoridad incierta sobre la mayoría de Escocia.

David II se vio obligado a huir a Francia en 1334 para garantizar su propia seguridad. Fue recibido calurosamente por el rey Felipe VI. En 1339 y 1340, asistió al rey francés en sus improductivas campañas contra Eduardo III. Al igual que su padre, David II finalmente regresó para recuperar su autoridad sobre Escocia. La ambición de Inglaterra por la conquista fue frustrada una vez más. Con la ayuda de experimentados capitanes y guardianes locales, la facción de Bruce fue capaz de derrotar a las fuerzas de Balliol y a las guarniciones inglesas. David II regresó a Escocia como rey en 1341, controlando la mayoría del reino.

Inspirado por imitar los logros militares de su padre, David II se embarcó en una serie de invasiones finalmente infructuosas del norte de Inglaterra. Sus esfuerzos culminaron en la ambiciosa batalla de la Cruz de Neville en las afueras de Durham en 1346. Su ejército fue derrotado y el propio David II fue capturado por los ingleses. Si Roberto Bruce hubiera sido capturado por los ingleses durante sus campañas, la búsqueda de la independencia de Escocia habría estado ciertamente condenada. Para entonces, sin embargo, el fervor de Eduardo III por establecer un señorío sobre Escocia había disminuido. Montó una invasión final en 1356, pero no hubo un gran esfuerzo para subyugar a Escocia en la década intermedia. En cambio, el conflicto entre los ingleses y los escoceses se limitó a pequeñas batallas sobre las comunidades fronterizas escocesas y el control de los bastiones ingleses supervivientes en Escocia. En 1409, solo Roxburgo y Berwick permanecían bajo control inglés.

Inglaterra puede haber sido la nación más rica y poderosa, pero sus líderes fueron incapaces de convertir sus éxitos militares en una victoria final e implacable. A pesar de haber obtenido el control de los principales bastiones escoceses y de haber mantenido la presencia del ejército inglés en varios territorios escoceses, el control absoluto de Escocia resultó ser muy difícil de conseguir (sobre todo en las regiones occidentales y septentrionales). También existía el problema de los recursos limitados. Los intentos de Eduardo I tuvieron más éxito porque se dio el lujo de hacer de la conquista escocesa el único foco de atención durante los primeros años del siglo XIII y mediados del mismo. Sus sucesores tuvieron que dividir su atención entre los conflictos internos y las guerras continentales; por ejemplo, la guerra de los Cien Años de Eduardo III con Francia, que se desarrolló entre 1337 y 1453[lxxi]. (Dada la historia de Francia de proporcionar refugio a David II y su apoyo a los escoceses durante los intentos de conquista de Eduardo III, era natural que David II invadiera, sin éxito, Inglaterra en 1346 a cambio).

Hacia 1356, Eduardo de Balliol había perdido la esperanza de reclamar el trono de Escocia para sí mismo. Renunció a sus títulos y cedió todas sus tierras a Eduardo III en enero de ese año. Él moriría sin dejar ningún heredero, terminando con el reclamo de la línea Balliol al trono. Después de ser prisionero inglés durante una década, David II fue liberado en 1357 a cambio de un gran rescate. En su ausencia, Robert Stewart (su sobrino y heredero) y William Douglas habían estado defendiendo y liderando el reino.

Los intentos de David II de expandir su poder real, riqueza e influencia - a pesar de estar agobiado por el rescate que debía a Eduardo III - alienaron a Stewart y Douglas. También intentó permitir que el hijo de Eduardo III sucediera al trono escocés a cambio de que se pagara su imposible rescate (no tenía ningún heredero que le sucediera). Muchos encontraron esta proposición impensable, especialmente Stewart, que era el legítimo sucesor al trono. David II y sus caballeros tuvieron que sofocar la rebelión organizada por Stewart y Douglas. Al final, el parlamento escocés repudió la idea de una sucesión inglesa. En sus últimos años, David II inspiró una oposición política adicional por su extravagancia financiera.

Después de su muerte a principios de 1371, Roberto II[lxxii] asumió el trono de Escocia como el primer soberano de Stewart. Siendo el nieto materno de Robert Bruce, había sido el presunto heredero de Escocia durante la mayor parte de sus cincuenta y cuatro años. Su objetivo era consolidar su riqueza y poder para asegurar que el trono permaneciera con el linaje Stewart. Al promover los intereses mutuos de su gran familia, pudo generar un clima de estabilidad política en la década de 1370. Sin embargo, para 1384, las rivalidades internas perturbarían la paz. Roberto II fue usurpado por su propio heredero e hijo mayor, John Conde de Carrick. En 1388, el propio Carrick fue desterrado por su hermano menor, Robert de Fife.

No se trataba simplemente de rivalidades familiares tóxicas por el poder definitivo. También eran un reflejo del fracaso de la monarquía y sus lugartenientes en mantener la estabilidad de las comunidades regionales del reino - una tarea que se había hecho considerablemente más compleja por los largos años de guerra con Inglaterra. Los magnates del sur demandaron apoyo y asistencia en los intentos de combatir a los ingleses. Mientras tanto, se temía que los magnates de las Tierras Altas estuvieran afectando los derechos e intereses de sus homólogos de las Tierras Bajas. Insatisfecha con la incapacidad del monarca de proteger sus intereses, Escocia se convirtió en un país más dominado por la política regionalizada a partir de 1388. La distinción entre el propio rey y sus principales súbditos -que podían ser elevados a efectos de conveniencia política o militar- se había borrado.

A pesar de estos problemas, la corona escocesa permaneció independiente de Inglaterra hasta 1603. Tras la muerte de Isabel I, Jaime VI de Escocia ascendió al trono inglés y se convirtió en Jaime I de Inglaterra. Esto marcó la primera vez que Inglaterra y Escocia fueron gobernadas por un solo monarca. Esta tradición continuaría hasta 1707, cuando se firmó el Acta de Unión. Este tratado significó que Inglaterra y Escocia estarían unidas como Gran Bretaña[lxxii]. Se estableció la paz, las fronteras fueron abiertas y hubo prosperidad entre ambas tierras de una manera que William Wallace y Roberto Bruce probablemente nunca hubieran imaginado. Y, aun así, la cultura escocesa floreció y mantuvo su propia identidad distintiva. Esto se debió en parte a la separación del sistema judicial y la iglesia, consecuencia de la larga y difícil lucha de Wallace y Bruce por una identidad propia[lxxiii]. Sus batallas y hechos viven en los mitos nacionales de Escocia, infundiendo orgullo en la identidad y existencia separadas de la nación. Cada generación ensalza las batallas que estos héroes nacionales ganaron y perdieron, en sus valientes esfuerzos por asegurar la continuidad de la corona, de la comunidad del reino y de la nación.

Vea más libros escritos por Captivating History

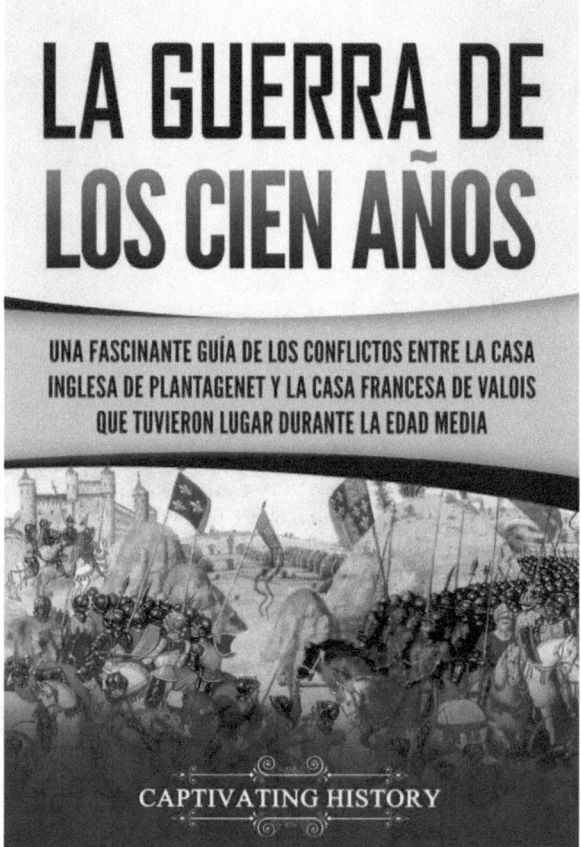

Referencias

[i] "Edward I: King of England." *Encyclopedia Britannica.* https://www.britannica.com/biography/Edward-I-king-of-England. Accessed 15 June 2018.

[ii] "Battle of Falkirk." *Encyclopedia Britannica.* https://www.britannica.com/topic/battle-of-Falkirk. Accessed 15 March 2018.

[iii] Ibid.

[iv] "Boniface VIII: Pope." *Encyclopedia Britannica.* https://www.britannica.com/biography/Boniface-VIII. Accessed 15 June 2018.

[v] "John Comyn: Scottish leader." *Encyclopedia Britannica.* https://www.britannica.com/biography/John-Comyn. Accessed 15 June 2018.

[vi] "Edward II: King of England." *Encyclopedia Britannica.* https://www.britannica.com/biography/Edward-II-king-of-England. Accessed 15 June 2018.

[vii] "Battle of Stirling Bridge." *Encyclopedia Britannica.* http://www.bbc.co.uk/scotland/history/articles/battle_of_stirling_bridge/. Accessed 15 June 2018.

[viii] "Battle of Bannockburn." *Encyclopedia Britannica.* https://www.britannica.com/event/Battle-of-Bannockburn. Accessed 15 June 2018.

[ix] "Alexander III: King of Scotland." *Encyclopedia Britannica.* https://www.britannica.com/biography/Alexander-III-king-of-Scotland. Accessed 15 June 2018.

[x] Wormald, Jenny. *Scotland: A History.* 2005.

[xi] Ibid.

[xii] "Berwick." *Encyclopedia Britannica.* https://www.britannica.com/place/Berwickshire. Accessed 15 June 2018.

[xiii] "Glasgow." *Encyclopedia Britannica.* https://www.britannica.com/place/Glasgow-Scotland. Accessed 15 June 2018.

[xiv] "Edinburgh." *Encyclopedia Britannica.* https://www.britannica.com/place/Edinburgh-Scotland. Accessed 15 June 2018.

[xv] "David I: King of Scotland." *Encyclopedia Britannica.* https://www.britannica.com/biography/David-I. Accessed 15 June 2018.

[xvi] Penman, Michael. *Robert the Bruce: King of the Scots.* 2014.

[xvii] Wormald, Jenny. *Scotland: A History.* 2005.

[xviii] "William I: King of England." *Encyclopedia Britannica.* https://www.britannica.com/biography/William-I-king-of-England. Accessed 15 June 2018.

[xix] "Treaty of Falaise." *Encyclopedia Britannica.* https://www.britannica.com/topic/Treaty-of-Falaise. Accessed 15 June 2018.

[xx] "Richard I: King of England." https://www.britannica.com/biography/Richard-I-king-of-England. Accessed 15 June 2018.

[xxi] "Philip IV: King of France." *Encyclopedia Britannica.* https://www.britannica.com/biography/Philip-IV-king-of-France. Accessed 15 June 2018.

[xxii] "Thomas the Rhymer." *Encyclopedia Britannica.* https://www.britannica.com/biography/Thomas-the-Rhymer. Accessed 15 June 2018.

[xxiii] "Margaret: Queen of Scotland." *Encyclopedia Britannica.* https://www.britannica.com/biography/Margaret-queen-of-Scotland. Accessed 15 June 2018.

[xxiv] "Erik II: King of Norway." *Encyclopedia Britannica.* https://www.britannica.com/biography/Erik-II. Accessed 15 June 2018.

[xxv] "The Treaty of Birgham." http://www.bbc.co.uk/bitesize/higher/history/warsofindependence/thegreatcause/revision/2/. Accessed 15 June 2018.

[xxvi] Wormald, Jenny. *Scotland: A History.* 2005.

[xxvii] "John de Balliol: Scottish magnate." *Encyclopedia Britannica.* https://www.britannica.com/biography/John-de-Balliol. Accessed 15 June 2018.

[xxviii] "Robert de Bruce: King of Scotland." *Encyclopedia Britannica.* https://www.britannica.com/biography/Robert-the-Bruce. Accessed 15 June 2018.

xxix "Henry III: King of England [1207 - 1272]." *Encyclopedia Britannica.* https://www.britannica.com/biography/Henry-III-king-of-England-1207-1272. Accessed 15 June 2018.

xxx Rhymer, Thomas. *Foedera II.* 1745.

xxxi "William Wallace." *BBC.* http://www.bbc.co.uk/scotland/history/articles/william_wallace/. Accessed 15 June 2018.

xxxii "Braveheart: Film by Gibson [1995]." *Encyclopedia Britannica.* https://www.britannica.com/topic/Braveheart. Accessed 15 June 2018.

xxxiii "Harry the Minstrel: Scottish writer." *Encyclopedia Britannica.* https://www.britannica.com/biography/Harry-the-Minstrel. Accessed 15 June 2018.

xxxiv Hamilton, William and Elspeth King. *Blind Harry's Wallace.* 2003.

xxxv McKay, James. *William Wallace: Brave Heart.* 1995.

xxxvi Murison, A.F. *Famous Scots: Sir William Wallace.* 1898.

xxxvii "Robert the Bruce." *Encyclopedia Britannica.* https://www.britannica.com/biography/Robert-the-Bruce. Accessed 15 June 2018.

xxxviii "John de Warenne, 6th earl of Surrey." *Encyclopedia Britannica.* https://www.britannica.com/biography/John-de-Warenne-6th-earl-of-Surrey. Accessed 15 June 2018.

xxxix "Edward I: King of England." *Encyclopedia Britannica.* https://www.britannica.com/biography/Edward-I-king-of-England. Accessed 15 June 2018.

xl "Drawing and quartering." *Encyclopedia Britannica.* https://www.britannica.com/topic/drawing-and-quartering. Accessed 15 June 2018.

xli "Jasper Tudor, duke of Bedford: Welsh noble." *Encyclopedia Britannica.* https://www.britannica.com/biography/Jasper-Tudor-duke-of-Bedford. Accessed 15 June 2018.

xlii Penman, Michael. *Robert the Bruce: King of the Scots.* 2014.

xliii "Robert the Bruce, King of Scots 1306 - 1329." *BBC.* http://www.bbc.co.uk/scotland/history/articles/robert_the_bruce/. Accessed 15 June 2018.

xliv "War of Independence." *BBC.* http://www.bbc.co.uk/scotland/education/as/warsofindependence/info.shtml?loc=stone. Accessed 15 June 2018.

xlv "Piers Gaveston, earl of Cornwall." *Encyclopedia Britannica.* https://www.britannica.com/biography/Piers-Gaveston-Earl-of-Cornwall. Accessed 15 June 2018.

xlvi "Isabella of France." *Encyclopedia Britannica.* https://www.britannica.com/biography/Isabella-of-France. Accessed 15 June 2018.

xlvii "Menage a Roi: Edward II and Piers Gaveston." *History Today.* https://www.historytoday.com/js-hamilton/menage-roi-edward-ii-and-piers-gaveston. Accessed 15 June 2018.

xlviii "Piers Gaveston: bending the monarch's ear, and will." *The Telegraph.* https://www.telegraph.co.uk/history/9264564/Piers-Gaveston-bending-the-monarchs-ear-and-will.html. Accessed 15 June 2018.

xlix "Pike." *Encyclopedia Britannica.* https://www.britannica.com/topic/Ordinances. Accessed 15 June 2018.

l "Despenser family." *Encyclopedia Britannica.* https://www.britannica.com/topic/Despenser-family. Accessed 15 June 2018.

li Penman, Michael. *Robert the Bruce: King of the Scots.* 2014.

lii Wormald, Jenny. *Scotland: A History.* 2005.

liii "The Battle of Bannockburn, 1314." *BBC.* http://www.bbc.co.uk/scotland/history/articles/battle_of_bannockburn/. Accessed 15 June 2018.

liv "Ordinances: English history." *Encyclopedia Britannica.* https://www.britannica.com/technology/pike-weapon. Accessed 15 June 2018.

lv "Thomas Randolph, 1st earl of Moray." *Encyclopedia Britannica.* https://www.britannica.com/biography/Thomas-Randolph-1st-Earl-of-Moray. Accessed 15 June 2018.

lvi "Bannockburn Factsheet (II)." *BBC.* http://www.bbc.co.uk/history/scottishhistory/independence/trails_independence_bannockburn2.shtml. Accessed 15 June 2018.

lvii "The Battle of Bannockburn, 1314." *BBC.* http://www.bbc.co.uk/scotland/history/articles/battle_of_bannockburn/. Accessed 15 June 2018.

lviii "Battle of the Golden Spurs." *Encyclopedia Britannica.* https://www.britannica.com/event/Battle-of-the-Golden-Spurs. Accessed 15 June 2018.

lix "War of The Three Kings: Scotland's invasion of Ireland." *Encyclopedia Britannica.* https://www.bbc.com/news/uk-northern-ireland-33913315. Accessed 15 June 2018.

lx "Thomas Randolph, 1st earl of Moray." *Encyclopedia Britannica.* https://www.britannica.com/biography/Thomas-Randolph-1st-Earl-of-Moray. Accessed 15 June 2018.

[lxi] "Sir James Douglas." *Encyclopedia Britannica.* https://www.britannica.com/biography/James-Douglas-Scottish-noble. Accessed 15 June 2018.

[lxii] "John XXII: Pope." *Encyclopedia Britannica.* https://www.britannica.com/biography/John-XXII. Accessed 15 June 2018.

[lxiii] "Charles IV: King of France." *Encyclopedia Britannica.* https://www.britannica.com/biography/Charles-IV-king-of-France. Accessed 15 June 2018.

[lxiv] "Roger Mortimer, 1st earl of March: English noble." *Encyclopedia Britannica.* https://www.britannica.com/biography/Roger-Mortimer-1st-Earl-of-March. Accessed 15 June 2018.

[lxv] "Edward III." *Encyclopedia Britannica.* https://www.britannica.com/biography/Edward-III-king-of-England. Accessed 15 June 2018.

[lxvi] "Treaty of Northampton." *Encyclopedia Britannica.* https://www.britannica.com/topic/Treaty-of-Northampton. Accessed 15 June 2018.

[lxvii] "John Barbour." *Encyclopedia Britannica.* https://www.britannica.com/biography/John-Barbour. Accessed 15 June 2018.

[lxviii] "Robert the Bruce's heart finds its final resting place." *The Independent.* https://www.independent.co.uk/news/robert-the-bruces-heart-finds-its-final-resting-place-1167359.html. Accessed 15 June 2018.

[lxix] "Edward: King of Scotland." *Encyclopedia Britannica.* https://www.britannica.com/biography/Edward-king-of-Scotland. Accessed 15 June 2018.

[lxx] "David II: King of Scotland." *Encyclopedia Britannica.* https://www.britannica.com/biography/David-II. Accessed 15 June 2018.

[lxxi] "Hundred Years' War." *Encyclopedia Britannica.* https://www.britannica.com/event/Hundred-Years-War. Accessed 15 June 2018.

[lxxii] "Act of Union." *Encyclopedia Britannica.* https://www.britannica.com/event/Act-of-Union-Great-Britain-1707. Accessed 15 June 2018.

[lxxiii] "Book Review: 'Robert the Bruce' by Michael Penman; 'Bannockburn' by Angus Konstam; 'Bannockburns' by Robert Crawford." *Wall Street Journal.* https://www.wsj.com/articles/book-review-robert-the-bruce-by-michael-penman-bannockburn-by-angus-konstam-bannockburns-by-robert-crawford-1410556022. Accessed 15 June 2018.

[lxxiii] Lang, Andrew *(1903). A history of Scotland from the Roman occupation.* Dodd, Mead and Co. Retrieved 25 June 2018.

[lxxvii] Brown, Michael *(28 July 2004). The wars of Scotland, 1214-1371.* Edinburgh University Press. Retrieved 25 June 2018.

lxxviii Sumption, Jonathan *(1999)*. *The Hundred Years War: Trial by battle.* University of Pennsylvania Press. Retrieved 25 June 2018.

lxxix *Webster, Bruce (2004).* "David II (1324–1371)". *Oxford Dictionary of National Biography. Oxford University Press.* doi:10.1093/ref:odnb/3726. Retrieved 25 June 2018.

www.ingramcontent.com/pod-product-compliance
Lightning Source LLC
LaVergne TN
LVHW041647060526
838200LV00040B/1752